王晓琳　汤初胜　编著

（Ⅱ）

shengming
zhong
de
dianyingke

中原出版传媒集团
中原传媒股份公司

大象出版社

图书在版编目(CIP)数据

生命中的电影课. Ⅱ / 王晓琳, 汤初胜编著. — 郑州 : 大象出版社, 2021. 1
ISBN 978-7-5711-0736-9

Ⅰ. ①生… Ⅱ. ①王… ②汤… Ⅲ. ①电影艺术-中小学-教学参考资料 Ⅳ. ①G634. 950. 3

中国版本图书馆 CIP 数据核字(2020)第 159830 号

生命中的电影课 Ⅱ

SHENGMING ZHONG DE DIANYING KE Ⅱ

王晓琳 汤初胜 编著

出版人 汪林中
责任编辑 梁金蓝
责任校对 李婧慧
封面设计 刘 民
版式设计 唐若冰

出版发行 大象出版社(郑州市郑东新区祥盛街 27 号 邮政编码 450016)
发行科 0371-63863551 总编室 0371-65597936
网 址 www. daxiang. cn
印 刷 新乡市豫北印务有限公司
经 销 各地新华书店经销
开 本 640 mm×960 mm 1/16
印 张 12
字 数 123 千字
版 次 2021 年 1 月第 1 版 2021 年 1 月第 1 次印刷
定 价 32. 00 元

印厂地址 新乡县翟坡镇兴宁村
邮政编码 453000 电话 0373-5635065

前　言

一、为什么要开发中小学生命教育电影课？

中小学生命教育电影课程体系是根据新型冠状病毒肺炎疫情期间的特殊背景与不同年龄阶段孩子们的心理发展特点，结合现实生活和学习中面临的各种问题，运用优秀电影故事的力量引领孩子们道德和心理发展、提升生命境界和人格素养而精心设计的电影课程。

2020 年年初全国新型冠状病毒肺炎疫情使我们大多数人居家隔离，在家里虽然可以上网课，但还是关不住孩子们的心。孩子们在家里进行网络学习，不仅要应对知识学习问题，还要面临学习习惯的养成及良好心态和情绪的调整等问题，优秀电影具有加强生命教育、爱国主义教育、社会责任感教育、生态文明教育等功能，可以帮助孩子们顺利战胜疫情期间的挑战。

影视素来与教育关系紧密。影视作为一种媒介，承载着丰富的内容，传递着价值观、世界观、人生观中的重大主题，具有非常强大的思想性和感染力。而经典电影传递的信息具有共通性，其经典之处在于时刻关注人类自身命运中的某些重大主题。看经典电影不仅能让孩子们与故事中的人物产生强烈的共情，而且能引导他们思考自身的处境和问题，进而积极调整自己的生活状态。优秀影视作品对于中小学生的理想信念和正确的世界观、价值观、人生观的形成具有重大教育意义。

疫情既是现实的灾难，又是对孩子进行教育的契机和素材，有助于增强孩子们的生命意识，提升他们的国家民族观、生态价值观及强烈的社会责任感，培养他们成为有担当、有理想、有信念的时代新人。

二、课程设计思路

1. 三学段九阶梯

从小学一年级到高中三年级，我们的课程体系在内容设计上规划为三个学段九个阶梯。小学学段包括小学低段、小学中段、小学高段，初中学段包括初中一年级、初中二年级、初中三年级，高中学段包括高中一年级、高中二年级、高中三年级。

每一学段的电影主题包括自我认同、家国情怀、社会责任、生态文明、家庭关系、家校共育六大板块。由于孩子们在成长的不同阶段具有不同的心理发展和身体发育特点，又遭遇不同的现实情况和问题，我们会提出不同阶梯的具体要求。

每个阶梯根据学生特点设计 6 部（部分 5 部）电影，每部电影针对一个典型问题，共 53 部电影，引导孩子生命成长。

2. 电影数目

每个阶梯我们精选 6 部（部分 5 部）电影，通过电影帮助孩子们面对问题，解决问题，获得成长的力量。

3. 电影选择

在电影选择方面，我们重点强调对学生进行爱国主义教育，培养他们的社会责任感，并积极宣传生态文明，让学生养成积极健康的心态和习惯。我们精选中宣部、教育部推荐的中国优秀儿童电影，加强中国传统文化教育，弘扬中华民族精神；又精选了世界电影宝库中的经典电影，引领孩子具有国际视野和人文情怀。

三、课程内容

1. 小学低段

小学一、二年级孩子们的特点是有“我要做个好孩子”的强烈愿望，比较听老师的话，但是他们在习惯养成方面还有欠缺，在自制力方面需要加强，在社会情感方面需要引导，所以我们精选了 6 部电影引导孩子们认识自我，学会独立，培养团队精神与合作意识，养成良好的习惯与正确的自然观，处理好与家长、老师的关系。

小学低段		
《悬崖上的金鱼姬》	主题：自我认同	选择理由：缓解焦虑
《101 斑点狗》	主题：团队精神	选择理由：集体的力量
《小绳子》	主题：社会责任	选择理由：爱与责任
《龙猫》	主题：自然情怀	选择理由：爱的转移
《宝莲灯》	主题：亲子关系	选择理由：承担责任
《没头脑和不高兴》	主题：家校共育	选择理由：良好习惯

《悬崖上的金鱼姬》：疫情特殊时期，孩子们有恐惧也有焦虑，电影解决的是孩子们认识自我和心理焦虑的问题，让孩子们通过积极的心理想象走出内心的困境，获得内在的成长。电影也涉及生态环境保护等重大主题。

《101 斑点狗》：疫情期间，虽然孩子们被困在家中，但是抗疫是集体行为和全民行动，需要具有强烈的集体主义精神。电影《101 斑点狗》让孩子们懂得互助互爱，依靠集体和团队的力量获得成功的道理，有利于引导孩子们走出自我中心主义的误区。

《小绳子》：这是一部关于爱与责任的电影。疫情无情人有情，正因为我们每个人都献出了心中小爱才有了社会和国家的大爱。《小绳子》这部电影引导孩子们懂得怎样给别人提供合适有益的帮助，并在自我奉献的过程中获得良好的自我认同，明白生命的价值和意义。

《龙猫》：这部电影既有对生态环境的思考，更有对成长的关照与守护。电影中有优美的自然风光，有来自大自然的神奇动物龙猫，更有给予主人公小梅和小月各种关爱的邻居和亲人。

《宝莲灯》：这是一部孩子承担责任去救助父母的电影，电影充满了勇敢和力量。

《没头脑和不高兴》：这是一部关于如何督促孩子养成良好习惯的电影。

2. 小学中段

小学中段孩子们的特点是学习内容增多，难度加深，他们心理上要求独立的意识越来越强，开始学会独立思考问题。但是他们情绪还不稳定，心态也不成熟。疫情时期居家的孩子不仅容易与家长产生冲突，而且兄弟姐妹之间也容易爆发大大小小的“战争”。针对疫情时期居家学习的特殊情况，我们精选了 6 部电影，侧重于对孩子们进行情绪引导，指导他们正确处理各种家庭关系，培养他们独立思考的良好习惯和能力，并让孩子自觉爱护野生动物，爱国爱家爱自然，独立自主能承担。

小学中段		
《头脑特工队》	主题：自我认同	选择理由：控制情绪
《夺冠》	主题：家国情怀	选择理由：爱国情怀
《疯狂动物城》	主题：社会责任	选择理由：责任与承担
《熊猫回家路》	主题：自然情怀	选择理由：爱护自然
《宝贝老板》	主题：家庭关系	选择理由：兄弟姐妹
《宝葫芦的秘密》	主题：家校共育	选择理由：成功无捷径

《头脑特工队》：疫情期间，孩子们的情绪容易失控，为了引导孩子们学会控制情绪，我们推荐了《头脑特工队》。这部电影通过如何调控情绪的故事让孩子们懂得情绪控制的重要性，学会

控制情绪是人成长和成熟的表现。

《夺冠》：疫情是一场严峻的考验，考验的是中华民族的凝聚力和爱国情怀，考验的是中华儿女的责任与担当。电影《夺冠》正是这样一部凝聚爱国热情、强调责任和担当的作品。

《疯狂动物城》：这部电影以拟人的方式让我们学会如何接纳，如何尊重不同，如何具有责任和担当。

《熊猫回家路》：疫情对我们的警示之一就是正确处理人与自然、人与各物种之间的关系，特别是与野生动物之间相处的模式。护送熊猫回家，也是守护我们人与动物之间的界限。

《宝贝老板》：疫情期间如何处理家庭中的关系呢？电影让孩子学会相互接纳，学会相互帮助、相互成全，是一部关于家庭教育和社会思考的绝佳影片。

《宝葫芦的秘密》：疫情期间在家上网课的孩子，如何做到自律与自制？成功没有捷径，唯有努力与坚持。电影教给孩子们的道理会让他们受用终身。

3. 小学高段

小学高段学生的特点是思维力有极大的提升，思想道德也有良好的发展。这一阶段的电影课侧重于让他们形成良好的道德品质，培养他们的担当精神和责任意识，提供给他们战胜困难和挫折的勇气。我们精选的 6 部电影涉及培养良好道德品质、思考生命的价值与意义、敢于面对困难与承担责任等重大主题。

小学高段		
《木偶奇遇记》	主题：自我认同	选择理由：良好品质
《城南旧事》	主题：家国情怀	选择理由：北京往事
《夏洛的网》	主题：社会责任	选择理由：相互成就
《小飞象》	主题：自然情怀	选择理由：热爱自由
《狮子王》	主题：家庭关系	选择理由：承担责任
《草房子》	主题：家校共育	选择理由：战胜苦难

《木偶奇遇记》：疫情期间在家上网课的孩子在缺少监督的情况下更需要自我管理，自我监督，加强自律。电影《木偶奇遇记》中，我们看到逃学、与坏孩子混在一起、撒谎等有各种问题的皮诺曹，通过各种奇遇认识到自身的问题并加以改正。电影对孩子们加强自律、培养良好品格再合适不过了。

《城南旧事》：唤起了我们对老北京的热爱及爱国之情。长亭外，古道边，芳草碧连天，这是一种亘古不变的感情。

《夏洛的网》：电影中的夏洛用自己的生命挽救了小猪威尔伯，威尔伯又救助了夏洛的子孙后代。这既是生命的意义和价值，又是美好精神的传承。在武汉“战疫”期间，我们看到那么多逆行的英雄，那么多的人不顾自身安危投入到这场战役中，他们都是最美的夏洛。那么我们不妨问问孩子：“你是谁的夏洛？”

《小飞象》：电影中的小飞象在大多数动物眼中是个怪物，但是在妈妈和爱它的人眼中就是一个奇迹。小飞象能创造的奇迹是爱，它对妈妈的爱以及人们对它的爱。爱是战胜这个世界上所有困难的强大力量——爱，送小飞象回家；爱，也送千千万万的你我回家。

《狮子王》：电影是一个关于迷失自我的故事，也是一个学会责任和担当的故事。电影告诉我们，在困难来临时，不能逃避，不仅要勇敢面对，而且要主动担当。疫情是困难，更是考验，每个孩子都像辛巴一样在考验中成长。

《草房子》：这是一部关于面对挫折如何获得成长的电影。电影中的几个孩子每个人都有无法回避的困境，但他们敢于面对并获得了成长。疫情时期，我们就像电影中的桑桑，就像电影中的陆鹤，也会像杜小康一样在挫折中成为最有出息的少年。

4. 初中一年级

升入初中，孩子的学习任务不仅加重，而且进入了青春叛逆期，所以他们面临的不仅是学习上的高标准严要求，更多的是来自内部的较量。对于初中一年级的孩子，我们应该在心理上加以引导，既要让孩子具有家国意识，勇担责任，又要让他们学会走出叛逆情绪，成为理性并具有人文情怀的人。

初中一年级		
《单车少年》	主题：自我认同	选择理由：叛逆情绪
《孔子》	主题：社会责任	选择理由：责任与担当
《千与千寻》	主题：自然情怀	选择理由：成长与关切
《伴你高飞》	主题：家庭关系	选择理由：陪伴与突破
《地球上的星星》	主题：家校共育	选择理由：问题与成长

《单车少年》：初中阶段的孩子是最难管理的，一方面他们自我意识和独立精神觉醒，另一方面家庭亲情的缺失会放大他们的

心理问题。疫情期间，有很多家庭因为孩子的各种问题遇到意想不到的考验。电影既引导家长、社会多给予孩子关心和关怀，又引导孩子坚强坚毅，走出叛逆困境。

《孔子》：电影中的孔子心怀天下，勇于承担国家责任，把个人生死置之度外。孔子的道德修养和良好操守给孩子们树立了人格榜样，孔子的爱国思想也是传承两千多年的中华传统思想的精华。越是国家处于危难之时，越需要强大的爱国情怀和责任担当精神。

《千与千寻》：电影有多重主题，重要的是寻找自我，给自己定位。电影还涉及环保和生态文明等重大主题。

《伴你高飞》：电影中一个失去母亲的孩子在心理上自我封闭，父亲的陪伴引导让孩子不仅走出自我，而且开始关心自然，关心社会。疫情期间，对孩子的正确引导不仅在于亲子之间的关照、朋友之间的温暖，更在于人文精神和人文情怀的培养。

《地球上的星星》：电影中的孩子自身有学习方面的困难和障碍，但是家长和孩子都不知道真正的问题是什么，造成了教育上的很多失误。电影引导我们去关注每一位处于困境中的孩子，给予他们想要的帮助。

5. 初中二年级

初二的孩子仍然面临学习、身体、心理等方面的考验，最容易放松，最容易出问题。所以这一阶段电影课程的主题侧重于心理上的正确引导，从思想上积极激励他们的责任与担当意识，通过电影让孩子们成长为具有正确理想信念和良好意志品质的少年。

初中二年级		
《哪吒之魔童降世》	主题：自我认同	选择理由：积极的心理品质
《我的 1919》	主题：家国情怀	选择理由：个人选择与国家命运
《一个都不能少》	主题：社会责任	选择理由：关爱他人与坚守底线
《大鱼海棠》	主题：自然情怀	选择理由：人与自然的关系
《狗十三》	主题：家庭关系	选择理由：沟通与成长
《银河补习班》	主题：家校共育	选择理由：认可与鼓励

《哪吒之魔童降世》：这是一部关于自我定位与寻找自我的电影。电影中哪吒的命运是早已注定的，他是魔丸转世，必定为世人所不容。一出生就带有悲剧色彩的哪吒不认命并努力与命运相抗争，从而重新获得身份认同，并把命运的自主权握在自己手中。电影对孩子们具有积极的引领作用，每个人身上的很多标签不能选择，但是人生的道路和发展方向是可以自己决定的。

《我的 1919》：这是一部关于个人命运与国家命运紧紧绑在一起的励志电影。当时中国驻美国公使、签订《巴黎和约》的全权代表顾维钧作为第一主人公，拒绝在出卖中国领土和主权的《巴黎和约》上签字，表现了中华民族的尊严，讴歌了中国人民以弱抗强、威武不屈的精神。国家在危难时刻，只有维护国家的尊严，才会赢得个人的尊严。

《一个都不能少》：电影中 13 岁的女孩子成了 28 个孩子的代课教师，虽然她只会唱一首歌，也不懂得如何表达，但她坚守的底线是一个都不能少。每个时代、每个特殊时期都会有一群人坚守最简单的法则，正是这种坚守成就了伟大的人生。诚如那些奋战在抗疫前线的医护人员，他们不计得失，不顾生死，勇赴危难，才让我们有了拥抱春天的机会。

《大鱼海棠》：电影既有对神话故事的重新演绎与表达，又有每个人在寻找自我的过程中对他人、对社会、对世界的重新定义和认知，更有对成长的守护。电影中的神灵是天地自然的代表，守护天地的规则就是守护人与自然的和谐。

《狗十三》：电影有成长的疼痛，家庭教育的缺失。面对叛逆的女儿，父亲有手足无措的慌乱，也有错误的做法。电影讲述了成长的代价，也给父母和孩子上了深刻的一堂课。孩子如何与父母有效地沟通而不是只关注自身？父母如何给孩子提供真正有意义的帮助？电影为父母和孩子提供了良好的启示。

《银河补习班》：电影中的小主人公虽然小时候被老师认为不是很聪明，但是父亲懂他。父亲为了给孩子树立良好的榜样，把个人的遭遇和不幸埋入心底，坚定地陪伴儿子成长。这种陪伴不是物质的满足，而是给予孩子精神上的支持，对孩子自由抉择的人生目标加以推动。

6. 初中三年级

初三的孩子一方面面临升入高中的学业压力，另一方面疫情又给他们带来巨大的心理压力，所以这一阶段我们应侧重于对他们进行心理疏导，加强励志教育，引导孩子正确处理人与自然、人与人的关系，让他们理解父母的艰辛，懂得承担家国的责任。我们精选了 6 部电影，通过电影引领生命的成长。

初中三年级		
《叫我第一名》	主题：自我认同	选择理由：点亮人生
《冲出亚马逊》	主题：家国情怀	选择理由：爱国主义
《烈火英雄》	主题：社会责任	选择理由：责任与担当
《虎兄虎弟》	主题：自然情怀	选择理由：思考与转折
《寻梦环游记》	主题：家庭关系	选择理由：理解与支持
《跳出我天地》	主题：家校共育	选择理由：追逐与守护

《叫我第一名》：这是一部引导孩子走出人生困境的电影。电影主人公有生理缺陷，但是他坚持理想，勇敢面对，不惧挫折。电影给孩子们的人生启示是：不要让任何困难挡住你追求梦想的脚步。

《冲出亚马逊》：电影具有中国特色，展现了强烈的爱国情怀和为国争光的强大信念。电影也具有世界视野，电影的拍摄走出了中国，演员跨越了人种和肤色，故事在宏大的背景下展示了中国军人的责任和担当，对孩子们具有极好的教育意义。

《烈火英雄》：每一个职业都有每一个职业的责任和担当。电影《烈火英雄》中的消防官兵在危急时刻置生死于度外，把责任和使命扛在肩上，成为危险时刻的逆行者。正是他们的勇敢和无畏才换来我们和平和宁静的生活，电影让孩子们深刻感受到责任与担当的意义所在。

《虎兄虎弟》：电影中两只小老虎的命运也象征着我们对大自然态度的转变，由疯狂掠夺到反思与和解。但是这条路十分艰辛和漫长，需要一代又一代的人去努力。电影中关于动物与大自然、友谊与家庭、人类与野生动物之间的关系对孩子极具启发意义。

《寻梦环游记》：电影具有浓郁的墨西哥风情，电影中小男孩寻梦的故事会发生在每一个孩子身上，所以电影会引起孩子们强烈的情感共鸣。电影中的一家人在对待孩子追梦的问题上，有误解，有阻挠，但最终还是给予了认可与成全，这对于大多数家庭中的亲子关系具有重要的启示作用。

《跳出我天地》：电影中家人对于主人公比利追求异于常人的梦想给予了极大的支持。为了儿子能够顺利进入皇家舞蹈学院学习，父亲选择放弃罢工，开工挣钱，做一个曾经让自己都鄙夷的工会叛徒。舞台上的《天鹅湖》就要奏响，另一幕中传送机正将父亲和哥哥送下矿井。家人的努力，给予青云直上的小比利强大的亲情支持，让他梦想成真。电影启示孩子们，越是在困难和危机时刻，越能彰显出血浓于水的亲情力量。

7. 高中一年级

高一的前半年，孩子们有一个学习方式的转变和爬坡，他们面临着要适应高中生活的考验。高一后半年面临的文理分科的选择，可以说是比较重大的选择。所以这一阶段的电影我们既注重心理的引导，又注意他们职业选择和人生规划的引导，同时要关注校园安全和社会责任，培养孩子的国际视野与人文情怀。我们精选了 6 部电影，通过电影解决他们面临的各种问题，引领他们成长。

高中一年级		
《少年的你》	主题：自我认同	选择理由：校园欺凌
《横空出世》	主题：家国情怀	选择理由：科技强国
《阿甘正传》	主题：社会责任	选择理由：全心全意
《阿凡达》	主题：自然情怀	选择理由：人文精神
《钢的琴》	主题：家庭关系	选择理由：理解亲情
《汪洋中的一条船》	主题：家校共育	选择理由：共渡难关

《少年的你》：电影真实呈现了一部分孩子的现实处境，呈现了学校的另一类生活状态。学生之间有欺凌，也有欺凌之下的反抗与救赎。由于他们都是孩子，法律意识模糊，生命观念淡薄，可能做出超越常人想象的行为。但每个孩子的成长都需要我们去呵护，那些受到校园欺凌的孩子也需要在心理疗愈后给自己一个全新的积极的人生定位。电影中的小北说：你保护世界，我保护你！这不仅是青春的伤痛，更是伤痛过后的坚强与豁达。

《横空出世》：这是一部弘扬爱国主义主旋律的电影，呈现了艰苦岁月中中国人的不屈精神，表达了中国知识分子浓烈的爱国情感。电影中的科技强国的理念在今天更具有现实意义。在疫情期间，正是我们每个人以身作则，正是每个人把个人命运与国家命运结合起来，才有了我们抗疫斗争的胜利，并获得很多国家的认同和称赞。

《阿甘正传》：电影中的阿甘虽然智商不如别人，身体也不如别人，一直被别人欺负和拒绝，但是他背靠深渊却长成了太阳般的人物。阿甘是一个简单又纯粹的人，是一个执着而坚守的人，是一个甘于承担责任并能付出行动的人。

《阿凡达》：电影中涉及的主题众多，但是导演卡梅隆把对自然、万物的爱融入这部电影里。电影不仅是让我们思考未来，也是展现现在的生态文明观与生态伦理观。

《钢的琴》：电影中的这架钢琴凝聚的不仅是父爱，更有父亲对女儿成长的期盼。父亲虽然物质上不富有，但是有足够供女儿健康成长的爱和精神力量。

《汪洋中的一条船》：电影中的主人公郑丰喜因为双脚残疾，饱受歧视，但他有爷爷的爱，有社会的关注，他战胜身体上的残缺以及心灵上的自卑，以积极阳光的心态向生活挑战。电影带给家长的思考是多方面的，带给孩子们的也是正能量。

8. 高中二年级

高中二年级是学生人生中一个重大的爬坡期，也是他们的青春期，有可能会出现谈恋爱、打架、盲目追星等各种问题。所以，这一时期电影课程的主题侧重于心理上疏导、行动上规范、规则上加强、理想信念上鼓励、人际关系上拓展等，我们精选了 6 部电影，通过电影引领他们成长。

高中二年级		
《心灵捕手》	主题：自我认同	选择理由：心灵解放
《战狼Ⅱ》	主题：家国情怀	选择理由：爱国情怀
《十月的天空》	主题：社会责任	选择理由：社会理想
《卡特教练》	主题：人生规划	选择理由：飞得更高
《逆光飞翔》	主题：家庭关系	选择理由：人间温暖
《老师·好》	主题：家校共育	选择理由：相互理解

《心灵捕手》：这是一部关于心理治愈的电影。电影中的主人公威尔因为在童年时受过心理创伤，长大后在内心封闭自己。电影中的老师肖恩用理解、接纳、宽容打开了威尔的心，让威尔获得了心灵解放，解锁了威尔的人生。对于在疫情中受过伤害的人们来说，更重要的是重建生活的信念和人生的信心。

《战狼Ⅱ》：电影充满了爱国主义情感，不仅让我们感受到祖国的强大和力量，也让每一位中华儿女获得了强烈的安全感和责任感。不论在何时、何地，身为中国人，每个人都要用实际行动为祖国增光添彩。

《十月的天空》：电影中中学生侯默把个人理想与国家命运联系在一起，这对孩子们来说就是最好的责任感教育。世界第一颗人造卫星由苏联成功发射升空，中学生侯默观看天上那个象征科技未来的奇异光束后开始了他的火箭梦和逐梦行动，十月的天空飘荡着少年梦、国家梦。

《卡特教练》：电影中的卡特教练不仅是铁血教练，更是一股强大的人生推动力。他的影响和推动改变了许多孩子的一生。电影启示成长中的孩子，敢于追逐梦想、敢于挑战不可能才会实现各种可能。我们每个人身边不一定会有卡特教练来引领我们，但是我们可以像卡特教练那样去思考、规划自己的人生。

《逆光飞翔》：电影告诉孩子们永远不要低估自己，闭上眼睛，跟随梦想的声音，你就可以成为下一个传奇。但是逆光飞翔时不仅需要来自内心的坚定，更需要来自父母朋友的温暖陪伴。

《老师·好》：这是一部少有的真实呈现高中师生关系的电影。电影以强烈的冲突和张力呈现了师生关系在高中三年发生的变化，这种变化不仅改变了老师的命运，也改变了每一位学生的命运。所以，师生之间要相互理解、相互成全。

9. 高中三年级

高中三年级的孩子既面临学习和考试的巨大压力，又面临职业的选择与困惑。在疫情蔓延的特殊时期，他们面临的压力更大，所以这一时期的电影我们不仅要加强对他们的心理疏导，更要注重他们人文精神的形成、国际视野的拓展，以及家国观念的深化和人生规划的引导。我们通过电影不但要引导他们学会独立理性地思考问题，还要引导他们积极勇敢地面对未来，懂得职业操守和社会责任。

高中三年级		
《攀登者》	主题：家国情怀	选择理由：爱国主义
《中国机长》	主题：社会责任	选择理由：职业与责任
《流浪地球》	主题：自然情怀	选择理由：生态文明观
《摔跤吧！爸爸》	主题：家庭关系	选择理由：亲子关系
《四个春天》	主题：家校共育	选择理由：爱与责任
《流感》	主题：社会关注	选择理由：疫情电影

《攀登者》：电影中流淌着强烈的爱国主义情怀。电影里的主人公不怕牺牲，他们一次又一次地和死神擦肩而过，为了中国的荣誉，他们奋不顾身。对于大多数人来说，《攀登者》给了我们答案："也许我们一辈子爬不上珠峰，但心中要有一座山，这座山不一定那么高，但一定要有这么一个目标。"

《中国机长》：电影是根据"川航 3U8633 备降成都"的真实事件改编而成的，刘长健机长和 8 名机组人员呈现了在特殊岗位上的勇敢与坚守。正是他们过硬的职业素养和大无畏的牺牲精神，才保障了乘客的安全。电影让孩子们深刻地理解了每一种职业都有它的责任和意义，都需要勇敢和担当。

《流浪地球》：这是一部属于中国人的科幻电影，电影涉及未来时空中大场景的灾难救援，所以电影主题和立意已经超越某一国家、某一民族的局限，放在了世界背景之下去思考国际救援——星际救援。这是一种大胆而深刻的尝试，电影带来的震撼和思考是：如果我们不珍惜地球，不珍惜环境，不珍惜人与自然的关系，那么未来何处去流浪？

《摔跤吧！爸爸》：电影中的父亲是一个伟大的父亲。在对女儿的教育问题上虽然有大男子主义倾向，有些专制和粗暴，但更有内心的热爱和对女儿未来发展的规划。女儿们的成功，是父亲教育的成功，也是父亲信念的成功。电影中也有父女间的冲突与较量，有陪伴与期许，有患难与共的成长。电影给父母和孩子们提供了思考和借鉴。

《四个春天》：电影中的故事跨越了四个春天，流淌的是连绵不断的生活温情。电影中许多生活场景让人泪目，虽然有失去，但创造了更多希望。电影让孩子们从平凡处理解生活，理解家庭，理解父母，理解爱与责任。

《流感》：这部电影是一定要推荐的。电影呈现了韩国一场传染性猪流感的暴发，疫情不仅考验了人性，考验了一个国家的医疗水平，考验了政府的组织与协调能力，更考验了国际社会对公共危机的处理与干预。结合 2020 年年初我国暴发的这场新冠肺炎疫情，电影带给我们多方面的比照与思考。但中国的疫情与韩国的流感不同之处在于，我们国家具有强大的组织协调能力，一方有难八方支援的社会担当，更具有不计报酬、不计生死的责任与情怀。

目　录

阶梯电影四

升入初中，孩子学习任务不仅加重，而且也进入了青春叛逆期；孩子面临的不仅是学习上的高标准高要求，更多的是来自内部的较量。因此对于初中一年级的孩子我们需要从心理上加以引导，既要让孩子具有家国意识、担当责任，又要让他们学会摆脱叛逆情绪，成为一个既有理性又有人文情怀的人。

有爱相伴，骑行路上不孤单

——《单车少年》

河南省济源市济水一中　　王连连

电影信息

导演：让·皮埃尔·达内 / 吕克·达内

类型：剧情 / 家庭 / 儿童 / 社会

制片国家 / 地区：比利时 / 法国 / 意大利

上映时间：2011 年

荐影理由

电影反映了一个处于青春期的孩子由于父亲的遗弃从而失去安全感，他虽然得到好心人萨曼莎的领养，但是仍然与不良少年混在一起。在犯下大错后深刻反思，并最终醒悟。青春期的孩子最需要引导和管束，只有爱是不够的，只有管教也是不够的。这既需要社会和家庭接纳他们，也需要对他们加强规则意识和法律意识的教育，需要心理的慰藉和道德的引领。

观影准备

1. 知识准备

导演背景：哥哥让·皮埃尔·达内和弟弟吕克·达内出生在比利时的列日省，这也是故事的主要发生地。他们在进入影像世界的初期，将镜头对准了工人、农民、参加西班牙内战的战士等，拍摄了一系列纪录片。其作品主要关注移民、失业工人和青少年问题，多从社会新闻事件和城市边缘群体中找寻创作动机。

拍摄手法：以纪实性手法拍摄。

代表作：《罗塞塔》《一诺千金》《他人之子》《孩子》《两天一夜》等。《单车少年》可以说是《孩子》的延续，可以提前观看并感受导演独特的拍摄手法。

2. 活动准备

（1）情景模拟：想象西里尔找到父亲后，两人相见的场景。

（2）身临其境：为西里尔执拗去找毒贩与萨曼莎的对话配音。

电影精读

执着于单车

故事简短精悍，看似乏味、单一，却直白地给我们展示了西里尔长期的不幸和偶得的幸运。一方面，11 岁的西里尔执着于单车侧面反映的是他对父爱的渴望，折射出家庭的支离破碎和亲情的缺失。另一方面，偶然遇见的萨曼莎给予他无条件的容忍和信任，填补了他缺失的“母爱”。影片的最后，在沙滩上，他选择与萨曼莎分享单车，正是他走出叛逆、接受幸福的第一步。

不幸——缺失的亲情

电影第一个镜头就是西里尔在找自行车、找爸爸，对西里尔而言，自行车就是爸爸。他接受萨曼莎这个“周六妈妈”，也是因为萨曼莎为他买了自行车，并答应帮助他找爸爸。西里尔找爸爸分为两个过程：找到之前和找到之后。

找到之前：他在爸爸曾经居住的公寓里上蹿下跳地找——给卖自行车的车主打电话询问、去修理厂询问。

找到之后：他被爸爸告知“我不想再见到你”；偷钱后第一时间骑车跋涉、翻墙把钱交给爸爸。

他对爸爸经历了“执着于找—自我欺骗—灰心—试图挽救—死心”的过程。对一个 11 岁的孩子来说，没有妈妈，爸爸就是他的全部，爸爸曾经给他买的单车就是天底下最大的爱，他不容许别人诋毁爸爸，哪怕被告知爸爸不要他了，他也要铤而走险去偷钱，试图用自己的努力换得爸爸的回心转意。可爸爸远比他想象的冷酷，即便他冒着风险得到了爸爸最喜欢的东西：钱。爸爸害怕他连累自己，毫不犹豫地赶走了他。

在我们的生活中，会看到不少青春叛逆期的孩子，他们张牙舞爪、不可理喻，有的甚至冲动闯下大祸，用青春为他们的冲动买了单。深究原因，哪一个不是或多或少受到家庭的影响？亲情缺失使孩子失去了与父母沟通的意愿，恶魔的种子在他们心底不断萌发，直到最后一发不可收拾。

教育启示

父母是孩子的第一任老师，父母的爱是孩子孕育幸福的土壤。孩子不需要你有多高的地位、多充足的资本，他们只需要你在。你在，你们在，对孩子而言就是最大的幸福。父母与孩子长期分离、家庭不和睦或者单亲家庭都会造成孩子家庭亲情的缺失，都会影响其情感的表达。父母要先学会处理与另一半的关系，尽量为孩子营造轻松和谐的家庭氛围，倘若必须分开，也要认真听取孩子的想法，关注孩子的心理状态，把握好“度”，让孩子离家不离爱。影片中的爸爸就是忘了自己的职责，加剧了西里尔的叛逆情绪。

幸运——填补空缺的“母爱”

西里尔在寻找爸爸的过程中幸运地遇到了萨曼莎，萨蔓莎给他买了自行车，做他的“周六妈妈”。他内心对爱极其渴望又小心翼翼，他频繁给萨曼莎秀车技，萨曼莎要走时他骑车猛追，生怕对方只是敷衍他不给他打电话。

遇到萨曼莎是西里尔灰暗人生中的一束光，电影中有两处将萨曼莎的爱刻画得淋漓尽致：

一处是在做“周六妈妈”期间，萨曼莎让西里尔去买东西，找回钱后问他花了多少钱。萨曼莎希望西里尔可以像正常的孩子一样学习生活，所以即便是简单的算术她也要参与其中，让西里尔明白自己这个年纪应该做什么。

另一处是后期西里尔为了寻找毒贩，即他内心父亲的替代者，执拗地要出门，甚至毫不犹豫地伤害了萨曼莎。萨蔓莎失望、哭泣，但她依然擦干眼泪第一时间给律师打电话，帮助西里尔。

西里尔比大部分单亲家庭孩子或者孤儿要幸运，他遇到了愿意为他牺牲一切的萨曼莎。但不是每个人都有这样的机会，很多孩子在家庭出现变故或天灾人祸后无依无靠。或者，有好心人领养后，如何融入家庭等一系列后续问题都是目前尚没有解决的。这些孩子心理上的创伤以及对陌生环境的不适和自卑都是我们需要关注的。

教育启示

对于领养的孩子，绝不是仅让他“饿不着、冻不着”，我们更要看到孩子成长过程中正常的心理需求、爱的需求，这绝不仅仅是某个人或某个机构短期内可以解决的。电影启示我们每个人都要像萨曼莎一样有爱、无私，同时全社会要建立完备的体系保障这些孩子身心的健康发展。

选择——利己？利他？

电影中每个主要人物在面对选择时都做出了如下决定：

西里尔的爸爸在生活和西里尔之间选择了生活，萨曼莎在西里尔和男朋友之间选择了西里尔，西里尔在执拗出走时选择了毒贩，报亭老板在儿子和西里尔之间选择了儿子。

现实生活中，我们总要面临各种各样的选择，所有的选择都要付出代价，没有什么选择是十全十美的。选择了面包，可能就要放弃爱情；选择了财富，可能就要放弃健康；选择了事业，可能就要放弃自由……所有的选择，都只能由自己买单。所以在选择的时候，一定要清楚自己的支付能力，一种选择就是一种代价，不同的选择造就不同的人生。

西里尔的爸爸放弃了西里尔，但他的生活并没有因此而更好；萨曼莎放弃了在多数人看来还不错的男朋友，她真的不后悔吗？西里尔选择了毒贩，付出了支付医药费和务工损失费的代价；如果西里尔永远醒不过来，报亭老板和他的儿子能永远地相安无事或心安理得地生活吗？

教育启示

我们在面临选择时总是本能地选择自以为是的利己选项。可是，光阴荏苒、春去秋来，在某一个时刻回想起当时的选择我们不免会想“如果当时我选择了……会怎样呢？”可是，没有如果，人生只有一次，因此我们在选择时要遵守最基本的道德，问心无愧，不只无愧于己，还无愧于人。

电影沙龙

父亲不想要西里尔，为了钱把给西里尔唯一的礼物——自行车卖了；西里尔偷了钱找父亲，父亲害怕警察找上门而赶走了他；萨曼莎为西里尔买了自行车；萨曼莎周六照顾西里尔；萨曼莎教西里尔算术；萨曼莎带西里尔郊游；西里尔划伤萨曼莎后，萨曼莎为西里尔找律师。

讨论问题一：失去双亲的孩子应该由亲戚还是真心的陌生人照顾?

问题提示：亲戚之间毕竟有血缘关系，如果有同龄人一起成长，年轻人之间会帮助对方相对快速地忘记痛苦。如果是真心的陌生人，一方面，在新的环境中，孩子不会过多地回忆过去，容易走入新生活，忘记痛苦。另一方面，在有爱心的家庭中，孩子可以及时得到爱的治疗，让心理阳光健康。

总之，不管是亲戚还是陌生人，学校必须保证对领养人知根知底，并定时和孩子沟通。不仅班主任要多关注其日常表现，而且必要时应配合心理老师对孩子进行适时的疏导。同时，要深入了解及时解决孩子在生活方面的问题，最大限度地保证孩子没有后顾之忧。

当然，如果这两个选项都行不通，学校可以帮忙联系最合适的福利机构，还要做好为孩子捐款，甚至为孩子提供住所等准备。

讨论问题二：影片最后以西里尔爬起来后，骑着单车，消失在拐角而结束，你是否觉得突然?

问题提示：生活从来都不是容易的，像这部电影里讲述的一样，西里尔在今后的生活中还会反复碰到各种各样的问题，依然会叛逆。每一个普通孩子在成长的过程中都可能遇到来自学习、交际、择业、配偶等方面的问题，我们要客观积极地对待西里尔。在萨曼莎热烈理性的爱的沐浴下，西里尔一定会在不断犯错中不断进步，最后收获属于他自己健康幸福的人生。

综合探究

1. 提出问题

(1) 萨曼莎为什么会毫无保留地对西里尔好?

(2) 西里尔为什么会不惜伤害萨曼莎也要帮助维斯?

(3) 如果西里尔从树上摔下后最后没有睁眼，接下来会发生什么?

2. 鼓励设疑

对于影片你们还有什么想法、困惑或感动点?

高山仰止，景行行止

——《孔子》

河南省南阳市镇平县彭营镇彭营中心小学　　梁波涛

电影信息

导演：胡玫

类型：剧情 / 传记 / 历史 / 古装

制片国家 / 地区：中国

上映时间：2010 年

荐影理由

疫情期间，不论哪个年级的孩子，都在家里学习，每日面对繁重的作业，身心疲惫。为了调节孩子的心情，摆脱作业的烦恼，让孩子有一种不一样的学习心态，我们推荐一部电影——《孔子》。希望通过这部片子，让孩子们从我国第一位教育家孔子身上看到不一样的家国情怀和责任担当。

观影准备

了解孔子的生平及历史背景。

电影精读

对于这部影片，导演胡玫说："《孔子》是一部一定能让你记住很多故事情节的影片。"

《孔子》这部影片带给我们的，绝不仅仅是故事和情节这么简单。它留下的，是一个形象、一种精神和一份情怀。

虽然，在孔子身后有许多弟子，他们大多是衣衫褴褛的文弱书生，但是他们的所言所行让我们感觉到的，必定是如海涛般的千军万马在统领着一个时代。

周润发饰演的孔子是影片的主线和灵魂。不管身处何种境地，他自始至终都有着坚定淡定的眼神和十足的大儒宗师形象。

仁礼合一的师生情

孔子的弟子子路，身为武将，去协助卫国的目的就是为了给自己的恩师一个安身立命的场所。临行前，孔子为其正衣冠：“执政者，外正衣冠礼仪，内正品德心灵。”

子路为了卫灵公的小王子而死，在生命的最后时刻，他戴帽、正冠、系绾带，还没来得及给恩师叩一个头，就被刺死了。

将军冉求回鲁国效命，打了胜仗的时候，说服国君，想让恩师回到鲁国。最终，在鲁国危急时刻，国君才意识到自己的错误，命冉求寻回自己的恩师。

最牵动人心的是颜回，这位孔子最钟爱的弟子外表文弱却机智灵活、意志坚定。最终为了打捞孔子掉落水中的书册，活活累死。

教育启示

孔子和他的弟子们的故事，自古以来就被人们津津乐道。导演胡玫在这里大做文章，就是通过这浓烈的师生情谊，让我们感受到孔子身上的那些仁义礼智是多么深得人心。因为孔子的仁，所传授的弟子们才个个都充满了仁心。在生命的旅程中，为了仁和礼离开孔子，又因为仁和礼回到孔子身边。在他们的身上，时时刻刻都涌现出儒雅隽永的人格修养。

以仁治国，以礼治民

为了实现仁义治国的理想，孔子凭一己之力，与整个时代抗衡。这是孔子身上迸发出来的力量，也是孔子身上的光环所在。

十四年，在一个人一生的长度里，是一个不小的数字。

孔子带着众弟子，背着书册，拉着琴，坐着马车，奔走在诸侯国的城镇村舍之间，传播儒家思想，撒播仁义礼乐。每到一个国家，他总是会设法面见君王，向各国君王宣讲儒家思想。

摒弃以仁治国的国君，孔子扭头就走；摒弃以礼治民的国度，孔子也不屑多留。

最典型的莫过于面对国君夫人，孔子明明心动，明明倾慕于国君夫人的美貌和才华，但最终还是留下一句——从没见过如此好德如好色之人——然后远远走开。

教育启示

仁政和礼乐大同，是孔子精神世界的精髓所在，正是这种精神，使得孔子和他的弟子们流浪诸国十四年，把一生最好的年华都奉献在对这份思想的守护上。为了理想的实现，为了普天下的现世安稳，为了每一个人都享受到安静闲适的社会生活，孔子携带众弟子风餐露宿，无怨无悔。

虽败犹荣

影片的最后，流浪了十四年被迎接返回鲁国的孔子，在鲁国的城门外深深叩拜。那深深叩拜的姿态，那涕泪纵横的脸庞，那哆哆嗦嗦的一声呼唤，无不令人动容。为了改变国家乃至天下的面貌，孔子提出了仁爱和礼乐大同的治世救国理想。在无法实现的情况下，他在下着大雨的夜里踏上了流浪守护传播儒家思想的路程。

十四年风雨人生，十四年生死轮回，孔子自己也没有想到还会有回到故国的那一刻。回到鲁国的孔子，依然是个教书先生，但是，这已经是最大的成功。他的仁爱礼乐思想，还没有得到治国者的认可和推广，他是一个失败者。但是，没有师生一起十四年守护道路的洗礼，这些思想或许早已经凌乱在风里了，虽然失败，也依然是最大的荣耀。毕竟在今天，孔子的思想智慧在全球闪亮，散发出灼目的光芒，普照在各行各业。

教育启示

黎明，只有经历过黑暗，才会更加可贵；宝剑，只有经历过磨砺，才会更加锋利；理想，只有经历过岁月的检测，才会更加真实。孔子的理想，经历了十四年流亡的检阅，才更加弥足珍贵。当时，孔子看起来是失败了，他为了守护理想付出十四年流亡的代价，再结合今日的孔子思想主张，他的确是虽败犹荣。

电影沙龙

这部电影最精彩的，就是孔子十四年流亡路上的种种际遇。无论是与国君的对峙，还是被砍头的危险，孔子展现出来的儒家形象、君子之风，无不令人赞叹与折服。在电影给我们呈现出来的若干细节中，你怎样看待孔子的家国情怀、担当意识？

讨论问题一：孔子带着学生流亡十四年，你认为值不值？

学生角度：为了理想，做出这样的付出，实在令人起敬！十四年经历的苦难与伤痛、阻遏与反对，更加令人难过，若换作一般人，肯定早就放弃了。但只有如此经历过，这份理想才会令人痴迷、令人追随。

家长角度：孔子的行为告诉我们，为了理想需要付出怎样的努力。自己的孩子在理想的路上如此艰辛、如此痛苦，我无法相信自己会不去阻止、反对。孔子的行为，为人类理想的实现树立了榜样，但是，不是每个人都可以成为像孔子一样的卓越人才啊！

老师角度：每个人活在世上，都会有自己的梦想，或者说都会有自己想要的那份理想的生活。为了这些，我们还是要和孔子一样，去付出，去追逐，去守候，这样才有可能会出现云开月明、霁云见日的场景。人生的道路，必定是曲折的、坎坷的，只有超越坎坷，才会抵达另一种阔达的境界。

问题分析：在付出和收获之间，是不是等价，这是一个价值观的问题。孔子的人格修养，孔子的社会担当意识，孔子的儒家形象，在这个值与不值的讨论中，都会有所凸显，都会有所深化。

讨论问题二：面对美色，孔子真的无动于衷吗？在孔子离开卫国的那一刻，国君夫人的话语在他耳畔回响，而国君夫人在得知孔子要离开的时候，追着出来送行，却被林中射来的箭所伤。对此，你认为这是一般的美色诱惑吗？如果孔子不离开卫国的话，那么又会如何呢？

学生角度：国君夫人欣赏孔子的才华，孔子也知道国君夫人对自己的欣赏，但他还是要执着离开，为的是把这份美永远铭记心间，自己的理想能够得到美色的认可，也是一种精彩。同时，孔子坚守着自己的君子形象，在美色面前岿然不动，有所坚持，这是孔子形象的试金石，或者是孔子理想的试金石。

家长角度：在美色面前不为所动，孔子的行为令人赞叹。孔子之所以成为孔子，肯定有他不同于常人的地方，这也是孔子人格魅力所在。因为有这样的光环，孔子才会被人欣赏，孔子才会主动远离美色。

教师角度："好德如好色之人"，这是孔子对国君夫人的评价。孔子自然是感受到了国君夫人对自己的欣赏，但还是选择了离开。离开的原因，绝对不是逃避，这是孔子做出的抉择，也是孔子为了自己的理想做出的判断。毕竟，孔子知道，不是每个人都能如他一般做出这样的抉择。

问题分析：孔子与国君夫人的相处方式，是这部电影中的点睛之笔。毕竟男女独处，无论什么时候，都是众人关注的焦点，在电影中也是如此。因为，电影呈现的也是一种社会人生，也是一种社会现象。虽然不是现在的社会现象和人生，但也是人与人之间交往不可规避的场景。正是因为太过普遍，所以孔子的形象在这时候才能更加打动人心。

讨论问题三：孔子最后回到鲁国的时候，涕泪纵横，有人说太假，有人说太真实，对此你怎么看?

学生角度：叶落归根，倦鸟归巢，每个人都会对家国故土充满思念，有一日归来涕泪纵横，很正常。更别说孔子在外流亡十四年后的回归，那情景，凡是有血有肉的人，凡是离家日久的人，都会有这样的举止。

家长角度：孔圣人在大家的心里，就像神仙一样，说这行为太假的人，应该是把孔子看作了神仙，而忘记了孔子也是一介肉身，和我们一样是普通人。每个成年人都有故土情结，越是年长，越是对故土充满依恋和向往。孔子最后的大礼叩拜，不仅仅有回归故土的激动，更有自己理想能够得到实现的激动，更是对家国依恋的真实表达。

教师角度：最后的叩拜，是孔子内心世界最强烈的一次回响。在此之前的所有行为，孔子都是温和有礼的，无论是子路离世，还是颜回离别，孔子都没有大放悲声，可最后的时刻，孔子失态了，涕泪纵横，呜咽难抑，这是孔子在梦回家国的时刻情感的再现！甚至可以说，孔子携众弟子流亡十四年的背后，就是为了有朝一日能够再次回到这里啊！这叩拜大礼，一点儿不假，反而把孔子的形象打磨得更加真实。

问题分析：孔子最后的回归，和开头的冒雨离开、走上流亡之路，形成了这部影片的一个圆环，也形成了孔子人生的一个圆环。为孔子的形象，完成了最后一次真实的凸显，也为孔子理想的实现和推广，埋下了伏笔。如果没有这最后的大礼叩拜，孔子此后的余生又如何能够安身立命，潜心整理国政和教育呢？后人又如何得到孔子的这些思想和言论的精髓呢？其实，这才是真正意义上的大儒，在鲁国的大地上诞生，在鲁国的大地上消失，也只有在鲁国，才成就了孔子立己达人、家国天下的一代大儒形象。

综合探究

孔子于晚年返乡鲁国，他归而不隐，不懈于教育弟子及进行文献整理工作。孔子在失意中逝世，一腔报国热血空付东流。但是，其言行及思想终为后世所推崇，成为中华民族精神的重要根源，被后世尊谥为“大成至圣先师”。

请你整理自己学习过的孔子语录，进行朗诵或吟诵，或做手抄报，或书写随感。

不忘初心，寻找自我

——《千与千寻》

河南省济源市济水一中　　王　静

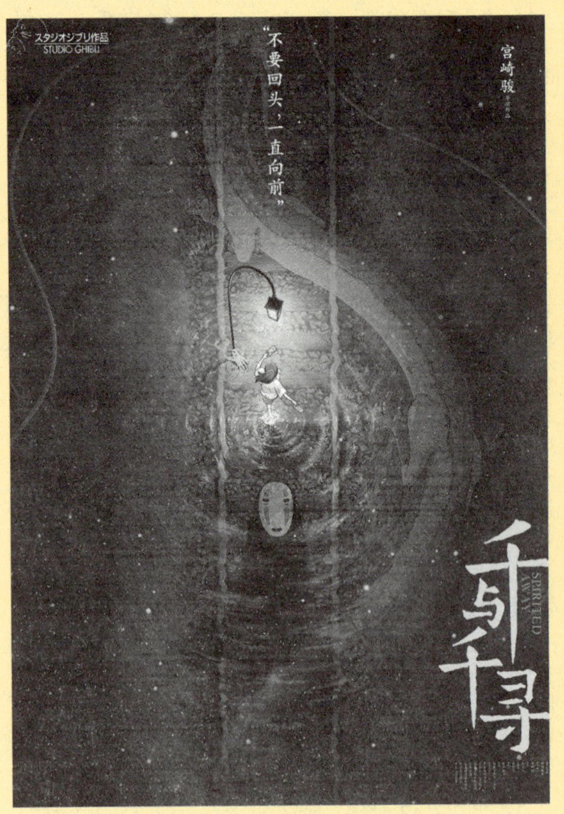

电影信息

导演：宫崎骏

类型：剧情 / 动画 / 奇幻

制片国家 / 地区：日本

上映时间：2001 年

荐影理由

今天给大家推荐的电影是宫崎骏的《千与千寻》。作为经典的动画电影，《千与千寻》的内涵十分丰富，其中蕴含着人与自然和谐相处的道理。通过观影，孩子们的心中种下了一颗热爱自然、保护自然的种子。千寻的成长，也是孩子们的成长。当困难来临时，我们应该怎么办?《千与千寻》告诉我们：直面困难，努力挖掘潜能，从而克服困难。

观影准备

1. 知识准备

宫崎骏，日本动画师、动画制作人、漫画家、动画导演、动画编剧。

代表作品：《千与千寻》《哈尔的移动城堡》《天空之城》《幽灵公主》《起风了》《风之谷》《龙猫》等。

2. 活动准备

交流：和家人交流自己升入初中后遇到的问题。

目的：敞开心扉，直面成长中的困境，共同成长。

电影精读

《千与千寻》作为著名的动画电影之一，讲述了 10 岁少女千寻与父母在搬家途中，通过一条诡异的隧道，误入由汤婆婆控制的魔法世界并克服重重困难回归现实世界的故事。电影情节清晰明了，主题鲜明，内涵丰富。

自我成长

这是少女千寻的成长史，从开始时的害怕、恐惧、崩溃到努力时的勇敢、积极、勤奋，再到最后的真诚、善良、无畏，正是电影想传达给观众的。一个陌生的环境，充满艰辛困难，如何建起一块立足之地？唯有付诸努力，自我成长，才能克服挑战，立足于此。

学会勇敢

在魔法世界，千寻目睹自己的父母变成猪，自己也因为天黑下来走不了，该怎么办？勇敢面对，抓住可以抓住的机会！所以她才会独自走下黑乎乎的楼梯去寻找锅炉爷爷，以便获得工作的机会。这是千寻成长的第一步，放下恐惧，勇敢面对，才能获得解决困难的机会。

学会感恩

儿童世界和成人世界最大的不同在于，一切都不是理所应当的。锅炉爷爷拜托小玲带千寻去找工作，而小玲教给她的就是学会感谢。千寻不仅学会了说“谢谢”，也用自己的行动去回报那些曾帮助过她的人，比如帮助白龙归还他偷来的印章，解除封印，还找回了失落已久的名字。人是群居动物，我们的生活和他人息息相关，正是这样的互相帮忙、互相感恩，才让这个世界变得更加温暖。

学会克制

在汤婆婆的魔法世界里，“贪婪”是个很重要的标签。千寻的父母因为贪吃变成了猪，青蛙因为贪财被无脸男吞了下去，无脸男因为贪吃而变得臃肿不堪……汤婆婆正是利用“贪欲”控制了他们。千寻的出现，是个例外，她不贪吃、不贪财，面对诱惑坚持自己的原则，所以最终才能回归现实。

努力工作

千寻在白龙的帮助下得知，要想在魔法世界生存下去，无论如何都要在这里获得工作，并且坚持下去。千寻在汤婆婆那里克服了恐惧，再三坚持，终于获得了一份工作。汤婆婆警告千寻“如果你抱怨想回去，我就把你变成猪”。不干活，就会变成猪或者炭灰，这样的生活方式将人带入万劫不复的深渊。想要生存，就必须付出努力和汗水。汤婆婆给了她汤屋最累最脏的活儿，千寻被人刁难、嫌弃，但她坚韧且坚强，一直努力工作，没有抱怨，没有偷懒，后来又细心地帮助腐烂神（其实是河神）洗浴干净，得到了大家的赞赏。河神特意留给千寻一个丸子，千寻利用这个丸子，救了因误食青蛙而变得贪吃的无脸男和因偷了钱婆婆印章而被诅咒的白龙，并最终救回了自己的父母，回归现实世界。

这就是宫崎骏向孩子们传达的道理：勤奋工作，努力上进才能立足社会。

保护环境

环保是宫崎骏最爱表现的主题，在《千与千寻》中，这个主题也有体现。腐烂神是被人类污染到面目全非的河神，汤屋民众都不愿意接纳他。然而讽刺的是，河川本身就具备清洁的功能，但因为人类的贪婪，原本具备洗涤能力的河神也无奈要到汤屋寻求洗涤和治疗。千寻想尽办法用最好的药浴为河神洗澡，从河神身上洗下了无数令人惊诧的垃圾——废家具、塑料袋、旧自行车、丢弃的生活用品。白龙原本的家园“琥珀川”被人类掩埋，所以他不得不“出逃”来到汤屋。他们的出现，是宫崎骏在提醒我们人类对自然的伤害，在这样的特殊时期，我们更能理解其中的意味。

千寻拯救了河神，并且帮助白龙回忆起自己的名字，宫崎骏在告诉我们，只有人类自己才能救赎自己犯下的罪孽。

电影沙龙

通过进一步讨论，深入挖掘电影内涵，更好地理解电影主题。

讨论问题一：千寻的父母不听千寻的劝告执意进入隧道才导致了一系列事情的发生，你如何看待父母的“权威”？

问题提示：千寻的父母看起来就像我们每个人的父母，总以为自己才是“权威”，好像孩子就只能“听话”。如何和父母相处，是每个孩子都曾思考过的问题，千寻的父母给我们提供了反面教材，作为大人，我们是不是可以俯下身来，听听孩子的意见？

讨论问题二：锅炉爷爷为什么会长 6 只手？

问题提示：锅炉爷爷是千寻进入汤屋的关键所在，为什么白龙会让千寻去找锅炉爷爷获得工作？这是因为锅炉爷爷其实是努力工作的代表，他的 6 只手，乱中有序，不慌不忙也不停歇。和汤屋的其他员工相比，锅炉爷爷面对工作踏实、勤勉，而这些，正是千寻需要学习的。

讨论问题三：白龙告诉千寻不能忘记自己的名字，否则就找不到回家的路，这其中蕴含着怎样的道理？

问题提示：名字在这里代表着一个人的初心，不能忘记自己的名字就是不忘记自己的初心，一个人面对生活中的困难，常常容易忘记初心，放弃自己曾经坚守的原则。白龙忘了自己的名字，只能被汤婆婆利用，为她做一些坏事。无脸男在贪婪中迷失了自己，变得“脑满肠肥”。汤婆婆引诱千寻忘记自己的名字，白龙叮嘱千寻，一定不要忘了自己的名字，这样才有可能“回归”。

1. 回答问题

由于时间关系，我们远远没有讨论完电影中的所有问题，那么看完电影后，你们能否解答下列问题呢？

（1）如何看待汤婆婆和钱婆婆？

（2）白龙在千寻的成长过程中充当了怎样的角色？

（3）无脸男这一形象带给你怎样的启示？

2. 拓展延伸

宫崎骏的电影温暖且有治愈作用，同学们可以继续观看宫崎骏的其他电影，感受其中的魅力，并推荐给家人、朋友。

伴你成长，随你飞翔

——《伴你高飞》

河南省济源市济水一中　　古静敏

电影信息

导演：卡罗尔·巴拉德

类型：剧情/家庭/冒险

制片国家/地区：美国

上映时间：1996年

荐影理由

今天给同学们特意推荐的是美国当代电影《伴你高飞》。电影以曲折而生动的情节，呈现了在一个并不完美的家庭中，父亲以独特的方式陪伴孩子高飞的成长过程，揭示了具有全球性的家庭教育问题。全剧自始至终都洋溢着亲情和教育的温馨气息，给我们带来强烈的情感震撼和深刻的思想启迪。影片启示我们：父母应该怎样陪伴和教育子女，而子女应该怎样理解和处理与父母之间的关系，领悟父母爱护和教育子女的良苦用心，从而意识到在生活中，子女既需要父母的感情陪伴和正确引导，更需要自身的积极努力，最终成长为坚强、勇敢、乐观、有责任心的时代新人。

观影准备

1. 知识准备

请你介绍有关大雁迁徙的相关知识。

2. 活动准备

亲子游戏：准备一张 A4 纸，制作一个纸飞机，测出飞机飞行的直线距离。

目的：通过活动提高孩子的动手能力，增强孩子与父母之间的沟通与交流，同时激发孩子发明创造的兴趣。

电影精读

电影由一件不幸的事故开始，但是却没有对悲伤进行大肆渲染。反而是通过小主人公饲养野雁的点点滴滴，尤其是野雁刚孵出时的喜悦，向观众传递了一份美好。这部电影传达的都是温情：一方面通过艾米对父亲的疏离和隔阂渐渐地转变为信任和依赖所表达的父女之情；另一方面通过艾米抚养小雁长大并伴随其高飞所体现的自然之情。

青春期少女

电影中的艾米是一个爱美、善良、倔强、勇敢的女孩，父母在她年幼时分开，她跟着母亲在新西兰生活。在母亲遇难去世后，她被父亲接回加拿大抚养。影片开头艾米与母亲沉浸在歌声里时脸上洋溢的喜悦，表达了艾米与母亲融洽和谐的亲子关系。母亲的去世，使艾米的生活失去了平衡。

面对 9 年未见的父亲，她是陌生的。不管是初次见面，还是父亲试飞、面对砍伐者所采取的种种行为，她说的都是“我不关心”“我不记得了”。尤其是当父亲告诉她接下来的工作会很忙时，她说的那句“我又不是小孩子，你不必牵着我的手”，何尝不是一种青春期少年应对父母的常用语。在这个陌生的地方，陌生的父亲，再加上苏珊的到来，她陷入了孤独。

正是那些小雁的孵化与成长，使她的感情有了寄托，也为她的生活增添了乐趣。她饲养它们、保护它们，在面对执法人员提出的剪翼时，她彻底爆发了，她对所有人失去信任，将自己和小雁反锁在卫生间里，无时无刻和它们待在一起。此时她是胆怯的。

然而面对父亲提出来的通过飞机带领小雁飞向南方的大胆想法，特别是由她来驾驶飞机，她表现得无私而勇敢。无私是因为她放弃了将小雁养在谷仓的想法，而是让它们去追求更广阔的天空；勇敢是驾驶飞机，连苏珊都觉得这是个不负责任的想法，她却表示了支持。正是这样，才有了最终伴大雁高飞的美好结局。

教育启示

孩子在成长中需要父母的陪伴。在影片中，艾米问父亲："那你为什么不来看我?"这说明即使艾米和母亲的相处非常融洽，她仍然渴望父爱。在孩子的成长过程中，每个阶段都会出现不同的问题。当孩子面对问题时，可能有时他们的出发点是好的，但是却并不一定是正确的，此时，需要父母对孩子进行正确的、恰当的引导。伴随孩子高飞的，正是父母对孩子的支持与引领。

事业型家长

艾米的父亲非常热衷于发明和飞行，用艾米的话说，他是一位艺术家，也是一位环境保护者。他执着、勇敢、耐心和富有创造力，他虽然爱艾米，但是他也有自己的原则和底线。不管是到处摆满了作品的房间，还是艾米刚到来，他就告诉她进度落下了，大多时间他会待在工作室里。从妻子与他分开都没能阻止他造月球登陆艇等，就可以看出他对工作的热爱、对事业的追求。

正因如此，艾米与父亲之间才会如此生疏。当艾米和执法人员起冲突之后，他和苏珊谈话时流露出来的是对艾米的无奈以及对自己作为一个父亲的反思。但是，他爱艾米，当艾米在浴室遇到困难时他撞开浴室的门，当艾米第一次驾驶飞机跌落时的紧张、担心，这都是父爱的表达。

接下来，制订小雁南飞计划，在引领小雁南飞的过程中，他都是艾米的引领者。提前开始训练，时机成熟才向孩子说明计划；遇到挫折，他信守承诺，及时采取办法；知道后果，却依然保护了孩子的那份赤子之心。不知不觉中，他已经变成了艾米的依靠和榜样。

教育启示

“大雁跟着我，我跟着你，我们一起往南飞”，这是艾米对父亲说的。这表明父母是孩子的第一任老师，也是孩子的榜样。很多父母的工作也是非常忙碌的，再加上对孩子成绩、才艺等方面过多关注，使很多家庭教育流于形式，反而忽略了家庭教育的真正意义。这部电影告诉我们在良好的家庭关系面前，我们都是受益者，就像艾米一家，艾米在父亲的陪伴下成长为一个有责任心、坚强勇敢的青春少女，父亲也在陪伴艾米的过程中学习如何成长为一个真正的父亲。或许家庭教育的真谛就是我们和孩子一起成长，成为最好的自己。

动物与环境

在这部影片中，最有治愈性作用的应该是小雁破壳而出的时刻，它象征着一个生命的开始，意味着每一个生命都需要被细心呵护。接下来在和艾米的相处中，小雁把艾米当作妈妈，这说明人与动物和谐相处的意义。

同时，小雁也是艾米感情的寄托。当时艾米正处于失去母亲、对父亲生疏以及对所处陌生环境感到孤独的时刻，小雁的到来，给了艾米一份温暖。与其说是艾米陪伴小雁成长，倒不如说是他们相互陪伴。在艾米的细心呵护、训练下，小雁终于长大了。与此同时，艾米也摆脱了之前的孤僻性格，逐渐变得开朗活泼起来，从而成长为一个坚强、勇敢、乐观、有责任心的青春少女。

影片通过父女俩的冒险向我们传达了他们喜爱动物、保护环境的精神。特别是影片最后，经济派与大自然使者之间的斗争愈演愈烈而又互不退让，因为野雁的到来而使经济派以失败告终。这看似是人类为野雁守护了家园，但又何尝不是野雁为我们守住了一片净土。

教育启示

人类是自然的一部分，人与自然的和谐相处是守护我们家园的必要条件。特别是在新冠肺炎疫情结束后，我们如何与动物共处、保护自然值得每个家庭深思。

电影沙龙

沙龙设计的目的：通过亲子之间、师生之间共同讨论电影，一方面了解孩子，知道他们心中真正的想法；另一方面通过电影引导父母与孩子理解高质量陪伴的重要性，从而寻找更好的亲子相处之道。

问题讨论一：艾米和父亲在相互陪伴中做了哪些事情，才使艾米父女俩的关系由生疏排斥到彼此依靠?

艾米的问题需要父亲、艾米以及他人的共同努力才能解决。在影片中，艾米与父亲高质量的陪伴主要包含了以下几个方面:

1. 爱要大声说出来。当艾米遇到危险时，父亲哭了，艾米笑了，艾米笑的原因是她感受到了父亲的爱；在艾米向父亲询问父母关系时，父亲说虽然两个人都有错，但不是全错，至少有了艾米，得到爱的孩子内心才会充满爱。

2. 沟通交流。交流是我们彼此理解的重要方式。艾米在和父亲的交谈中，发现最好的解决方法是引领小雁迁徙，而不是将它们关进谷仓。虽然艾米知道有时候自己的出发点是好的，但并不一定是最恰当的。

3. 彼此理解。父亲理解艾米保护小雁的心情，才会选择引领小雁南飞。父亲为了帮艾米制造飞机，卖了自己心爱的月球登陆艇。艾米理解父亲的用心，感受到父亲背后的付出，将自己与父亲之间的情感沟壑填平。

4. 相互信任。“大雁跟着我，我跟着你，我们一起往南飞”，这是艾米对父亲的信任，即使苏珊反对也无法动摇父女俩的决心。影片最后，父亲勇于放手，让艾米独自飞翔，这是父亲对艾米的信任。

5. 坚定而温柔。父亲爱艾米，但也是有原则的。当艾米不想去学校时，父亲表现出强硬的态度；当艾米不想吃花生酱时，父亲委婉地进行了提醒。

问题讨论二：影片中，用特写的镜头向观众展示了小雁破壳而出的场景，这意味着什么?

问题提示：小雁破壳而出不仅是一个新生命的开始，也是艾米和父亲关系缓和的润滑剂，更象征了艾米的新生。

问题讨论三：在影片中，提到小雁的"初印象"，并且对艾米和小雁的相处模式进行了多次的呈现，有什么作用?

问题提示：小雁的"初印象"其实代表着小雁和艾米相互陪伴的开始，正是艾米细心的呵护和陪伴，才换来小雁的高飞，这间接地体现了良好的陪伴对孩子成长的重要性。

问题讨论四：你怎样理解父亲因为肩膀脱臼，仍坚持让艾米按计划独自飞行的做法?

问题提示：首先是父亲对艾米的信任，父亲之前的陪伴，已经使艾米真正掌握了驾驶飞机的技巧，这也是父亲对艾米能力的肯定，同时说明良好的陪伴是为了以后的高飞；其次是父女遵守承诺的体现，大雁准时到达迁徙目的地，及时化解了经济派与大自然使者之间的激烈斗争，大雁为人类守住了一片宁静的家园。

问题讨论五：影片最后，艾米坚定的眼神和她主动依偎在父亲身边，你从中发现了什么?

问题提示：艾米坚定的眼神说明她在飞行的过程中不知不觉已经成为一名自信、勇敢、乐观、有担当的青少年。艾米主动依偎在父亲身边，说明在不知不觉中艾米已经接受了父亲，甚至已经开始以父亲为榜样，父亲也成了她人生中的支持者和引领者。

综合探究

1. 问题回答

由于时间关系，我们没有讨论完电影中的所有问题，那么看完电影后，你们能否再解答下列问题呢?

(1) 影片中为什么会安排一只瘸腿的野雁?

(2) 影片中为什么会安排艾米和父亲误入城市?

(3) 一年后，艾米家周围的沼泽地会不会被破坏? 为什么?

2. 问题征集

如果你有奇妙的答案和想法，请在下面留言并写出你的答案。我们比一比谁是最厉害的那个人!

每一个孩子都是一个小小的星空

——《地球上的星星》

河南省济源市济水一中　　王梦琪

电影信息

导演：阿米尔 · 汗

类型：剧情 / 家庭 / 儿童

制片国家 / 地区：印度

上映时间：2007 年

荐影理由

师生关系和亲子关系是伴随孩子成长的重要关系。在孩子成长的过程中，父母和老师对孩子缺乏理解、过多的批评会造成孩子自卑、怯懦，无法正视自己。《地球上的星星》描述了小男孩伊夏，一个在成人眼中的问题儿童，在尼克老师的帮助下，逐渐正视自己、认可自己，最终找回自信的故事。这部影片可以引导父母、老师发现孩子的个性，尊重每个孩子的成长步调，不以一个标准去衡量所有的孩子，最终促使每个孩子都成为最耀眼的星星。

观影准备

1. 知识准备

导演阿米尔·汗是印度宝莱坞著名演员、导演、制片人，代表作有《地球上的星星》《三傻大闹宝莱坞》《我的个神啊》《摔跤吧！爸爸》等，他推动了印度的电影发展，其作品是电影票房的保证。最重要的是，他的电影直击印度现存的社会问题，引人深思。

2. 活动准备

家庭亲子小游戏：默契大考验。

活动目的：通过默契考验，来观察父母是否真正了解自己的孩子，例如孩子最喜欢的东西、最近烦恼的事情、最擅长的科目等，从而增进亲子之间的交流与沟通。

伊夏是一个怎样的小孩？

在父母眼里，伊夏是一个只会打架、破坏邻居花盆、逃课、留级、考试不及格、“你只要一出家门就有人抱怨”的问题少年，被老师和同学们嘲笑，让父母头疼不已。

在老师眼里，伊夏上课捣乱、不听讲、“根本没人相信他是约翰的弟弟”“他有学习障碍”等，认为伊夏有问题，需要送到特别的学校被管教。

实际上，伊夏只是一个患有读写障碍，但拥有丰富想象力的小男孩。水里游着的小鱼儿，卷子上的数字，逃学后看到的一切事物，都能够令伊夏浮想联翩。同时，伊夏也是一个没有安全感的小孩。伊夏犯错误后，看见爸爸收拾行李，问爸爸要去哪儿，爸爸告诉他“我要走了，再也不回来了”，伊夏立刻诚恳地向爸爸道歉。这可以看出伊夏在这个家庭里没有获得足够的安全感，他认为自己犯了错误，爸爸就会离开自己。

伊夏所处的成长环境是怎么样的？

无论是在普通学校还是在寄宿学校，伊夏都因为跟不上学习进度而被老师责骂、被同学嘲笑。例如：老师会批评伊夏是“不要脸的孩子”“根本没人相信他是约翰的弟弟”“他有学习障碍”等；伊夏回答出了诗的真正意义，堤瓦尔老师却因为他回答的不是标准答案而批评他；伊夏因为怎么都跟不上大家齐步走的节奏，直接被体育老师拉出队伍……他总是遭到老师的批评，继而引发同学们对他的嘲笑，这让伊夏逐渐怀疑自己、封闭自己。

回家后，他依然得不到父母真正的关心。和邻居家的小孩打架，父母一味地责怪他，而且不愿意听他解释；学习成绩差，埋怨他学习态度不端正，不去了解他为什么成绩差；甚至对他说“你只要一出家门就有人抱怨”这种话。在这样的家庭环境中，伊夏极度缺乏安全感。父母把他送到寄宿学校后，他认为“自己就这么差劲”，所以父母才会罚他来到这里，更加怀疑自己。

伊夏所处的成长环境，充满了同学的嘲笑、老师的批评、父母的不信任，他被送往寄宿学校后，一度封闭自己，不愿交流。

伊夏是如何在尼克老师的帮助下获得自信?

尼克老师注意到伊夏与别的孩子不同后采取了一系列措施。首先，他询问了伊夏的好朋友罗杰，翻看了伊夏的作业本，了解到伊夏可能有阅读障碍。接着，他专程赶到伊夏的家中，深入了解伊夏的情况，但发现伊夏的父母对孩子的关心并不够，甚至在摧毁着孩子的自信心。回到学校后，尼克老师举出爱因斯坦、达文西、爱迪生等名人小时候的事情，让伊夏知道，有读写障碍并不可怕，不要觉得羞愧，要正视这个问题，这暗暗鼓励了伊夏。临走前，尼克老师单独和伊夏讲了自己小时候的经历，拉近了与伊夏的距离，也让伊夏明白尼克老师理解他，直到现在，尼克老师也没有拆穿伊夏，在给伊夏自信心的同时，也通过这种方式默默地保护了伊夏的自尊心。在郊外，他带动同学们一起夸伊夏做的小船，让伊夏感受到来自集体的鼓励。然后，寻求校方合作，单独为伊夏设置考试内容。他每天抽时间，采取多种方法培养伊夏的读写能力。最终，伊夏在大型绘画比赛中获得了冠军，在全校师生面前得到了“权威”的认可，这对真正建立起伊夏的自信起到了至关重要的作用。

伊夏的性格变化过程

在电影的开始，我们可以看到伊夏天真、调皮、充满想象力，有绘画天赋，对外界的事物充满了好奇心，但由于自己成绩差、逃课，被父母送往寄宿学校。这时候，伊夏开始变得担惊受怕，表现出极度的不安。在寄宿学校，由于他跟不上学习进度，更加讨厌学习，甚至情绪崩溃，在操场上疯狂地跑步，扔掉课本；再后来，父母打电话，他也不再说话；每天独来独往，开始封闭自己，连自己最爱的画画也放弃了。直到遇到尼克老师，伊夏开始逐步正视自己，在尼克老师的帮助下，伊夏努力克服读写障碍，最终在全校的绘画比赛上，他证明了自己，获得了自信。

电影沙龙

问题讨论一：伊夏是学习态度不好，所以才成绩差吗?

问题提示：在被父母送往寄宿学校时，伊夏哭着解释：“我也有在学习，我也有在试。”可是父母并不相信他，直到尼克老师的家访，尼克老师说：“别人轻松能做的事，他却不可以，他的自信一定备受打击，他用反抗掩饰自己的无能，与其承认‘我不能’，我宁愿说‘我不想’。”这一刻，伊夏的父母才知道自己的孩子有读写障碍。在尼克老师的帮助下，伊夏开始进步，并且主动学习，例如在展示栏前努力地读公告。从这里我们可以看出，伊夏是愿意学习的，之前是因为不断遭到父母和老师的不理解和打击，才对学习充满了抵触情绪，用“我不想”来掩饰“我不能”。

问题讨论二：伊夏适合被送到寄宿学校吗?

问题提示：伊夏不适合被送往寄宿学校。伊夏本身就是一个缺乏安全感并且没有足够自理能力的小孩。在父母决定送他去寄宿学校时，他第一次感觉到了强烈的恐惧和不安，苦苦哀求父亲不要送他去寄宿学校。到了寄宿学校，他问同桌：“你每次都是第一个进教室，为什么你的爸妈要把你送到这里来?”“为什么他们要处罚你到这边?”从这里可以看出，他认为自己很差劲，所以才会被父母送到寄宿学校，为此他陷入了自卑和绝望。在寄宿学校里，他显得格格不入，不会打领带，学习跟不上，体育课排队走不齐，被同学们嘲笑。这一切无从诉说，伊夏变得寡言少语。楼顶的栏杆上、小河边，成了伊夏排解情绪的场所，这些场景都表现了伊夏孤独绝望的内心世界，使他开始逐渐封闭自己的内心，不愿与外界交流。如果不及时进行干预，那么伊夏很容易出现危险。

内心的孤独和叛逆可能是孩子成长过程中不可避免的问题，这时候需要父母的关心和陪伴，使孩子顺利地渡过这个时期。

问题讨论三：伊夏的父亲专程来学校，向尼克老师解释他们是关心孩子的，他们的做法可以表达对伊夏的爱吗?

问题提示：伊夏的父亲向尼克老师说伊夏的母亲看了很多

关于读写障碍的书籍，向尼克老师证明他们是关心孩子的。但说这些话时，他的眼神是空洞的，并没有从内心表露出真的关心孩子，而且并不是他在读这些书籍，是伊夏的母亲。他现在的解释只是在向尼克老师证明，我是关心孩子的，你之前说的是错的。但尼克老师说，真正关心孩子可以是一个拥抱、一个充满爱意的吻，告诉孩子我们爱你。也可以告诉孩子："你害怕了可以来找我。你出错了，失败了又怎样？我都陪着你，不要怕。"但这些简单的事情，你们对伊夏做过吗？伊夏的父亲感到非常羞愧。之后，他看见在展示栏前努力识字的儿子，才发现自己原来真的不够了解和关心伊夏，流着泪离开了。

孩子是简单的、单纯的，有些复杂的表达爱的方式，他们不一定能感受得到。所以，父母对孩子用最直白的方式去表达爱与关心，才能真正让孩子感受到父母对自己的爱，才能让孩子获得足够的安全感与面对挫折、战胜困难的勇气和自信。

问题讨论四：伊夏在绘画比赛中，画的是什么？

问题提示：表面上看，画中的场景是伊夏早晨去取景的地方，但深层次地看，是不是伊夏获得重生的一个起点的地方呢？尼克老师在去伊夏家的第二天，在课上讲解了许多有读写障碍的名人的故事，默默地鼓舞了伊夏，然后把他带到户外，伊夏做的小船得到了所有人的认可。这一刻，伊夏开始正视自己。这个池塘，其实是伊夏命运的一个转折点。在绘画比赛上，尼克老师的画作直接表现了对伊夏的喜爱，而伊夏的画则是对尼克老师的感谢。通过两幅画，表现出来的师生互动，令人温暖与感动。

综合探究

1. 关于《地球上的星星》请回答下列问题。

（1）怎样理解《地球上的星星》这个名字？

（2）如何让自己变成像星星一样闪耀着自信的人？

（3）如果你身边有伊夏这样的同学，你会怎么做？

2. 和父母或老师来一次深度交流吧！

方案提示：你可以与父母或老师当面交流，也可以互相写一封信或录一段音频，说出对彼此的想法、疑惑、建议。趁这次机会，敞开心扉表达出来吧！

阶梯电影五

初二的孩子仍然面临着学习、身体、心理等方面的考验，该阶段也是孩子最容易放松、最易出问题的阶段。所以这一阶段电影课程的主题侧重于心理上的正确引导，思想上的积极激励，责任与担当意识的深化，通过电影让孩子们成长为具有理想信念和良好意志品质的少年。

挑战命运不公，做自己的英雄

——《哪吒之魔童降世》

江西省会昌县珠兰示范学校　　饶华章

电影信息

导演：饺子

类型：剧情 / 喜剧 / 动画 / 奇幻

制片国家 / 地区：中国

上映时间：2019 年

荐影理由

初二是孩子形成正确自我认知的关键时期，而这次突然的疫情，影响了很多人的正常生活，也给孩子的成长带来一些危机。观影后，可以让学生学会在危机中更好地认识自我，相信自身的力量去战胜困难，在自我挑战中实现自我完善，形成正确的自我认知。

《哪吒之魔童降世》是 30 年来评分最高的国产动画电影，不管是故事讲述还是动画特效都让国产动画达到了一个新的高度。

观影准备

1. 知识准备

阅读一些中国传统神话故事，如精卫填海、夸父逐日等。了解《封神演义》《西游记》中有关哪吒的故事。搜集其他影视作品中的哪吒形象。

2. 问题准备

谁是魔童？这部影片中的哪吒和我们之前了解的哪吒有什么不同？

电影精读

爱与接纳

因太乙真人的贪杯和申公豹的破坏，本应该是灵珠转世的哪吒却成了魔童。哪吒一出生，就面临来自整个社会的偏见，喜乐变成了哀乐，祝福变成了诅咒，恐惧、误解、偏见开始深深地扎根于陈塘关的人群中。虽然哪吒是无辜的，他只是一个孩子，一个形象奇特的孩子，一个童心顽皮的孩子。就如影片中申公豹所说的那样：心中的成见是一座大山，任你怎么努力也休想搬动。即使是他想和同龄的小女孩玩毽子，也被其他人视为妖怪，被扔鸡蛋和污物。

每一个生命的到来，都是一种偶然。孩子自身并不能决定自己出生时的样子。孩子需要在与外界的感知、交流中获得安全感与信任感，这是他们后续人格发展的基础。如果未能获得这种安全感与信任感，那么孩子就容易走向自我封闭，退化于自我的内心世界中，就如这个双手总是插在自己的裤子里、一副痞子样的哪吒。当他无奈地坐在墙头，哼唱着那首自嘲的歌谣："我是小妖怪，逍遥又自在……"眼神是那样的孤独、无助，但他内心是多么渴望得到别人的认同。所以，当敖丙和他一起在海边踢毽子时，哪吒感动得哭了。这哪是什么魔童，这只是一个被世人长期孤立、歧视的小孩。世人孤立他，他也怨恨世人。当师傅和父母要他学仙术为民除害时，他说："他们说我是妖怪，我就当妖怪给他们瞧瞧！""修炼出去了捧那些白痴的臭脚，还不如在这里睡大觉。"

生活中，又有多少孩子也是在这种偏见和误解中走向了自暴自弃的道路。偏见可能来自学习、行为、外貌，甚至是种族、家庭。但一切偏见都来自不理解、不接纳，总以自己的标准来衡量孩子，不相信孩子会以自己的方式证明自己。

哪吒是不幸的，但又是幸运的，因为他有真正爱他的父母。

李靖夫妇并没有因为哪吒是魔丸转世而抛弃他，反而一再强调哪吒是他们的孩子，并为哪吒挡下了太乙真人的拂尘。殷夫人为此脸上流出了血，这血就是母子间不可分割的血肉亲情，就是把彼此的生命紧紧相连。

爱首先是一种接纳，一种无条件的接纳。父母都希望自己的孩子是灵珠转世，但事实却又经常是“种下龙种，收获跳蚤”。不管孩子是灵珠转世，还是魔童降生，孩子的到来，都应该是父母心中最喜悦的事，都应该是满怀着期待和信任。诚如泰戈尔所说：“你曾和我们的家庭守护神一同受到祀奉，我崇拜家神时也就崇拜了你。你曾活在我所有的希望和爱情里，活在我的生命里，我母亲的生命里。”每一个孩子都可以是天使，一切都在于我们自己的认知态度。所以埃里克森说：“父母不仅要具有某种可允可禁的指导方式，而且可以向儿童表示一种深刻的、几乎是躯体上的信仰，使他们相信所作所为必定具有某种意义。”

刚出世的哪吒到处闹腾，也只有当他在母亲的怀抱里，用嘴咬住妈妈的手时，才会安静下来，露出笑容。是母亲的脉搏、血液、肌肤带给了孩子安宁、信任、温暖。那一刻的笑容，也是亲子间的情感密码，是彼此间的心灵呼唤。哪吒真正认识到自己生命的意义，也是在知道父亲用一命换一命，为他解天雷咒的时候。李靖用自己的爱和生命，解开了哪吒的心结，唤醒了哪吒防备、自卑的心灵，成为一个真正的人，一个可以拯救世人的英雄。

教育启示

爱与接纳就是给孩子最大的温暖和信心，也是孩子生命中最亮的光。有这道光，生命永远不会黑暗。我们更要给那些贫困家庭的孩子、身处困境的孩子以特别的关心，让他们感受到社会的温暖。

命名与自由

社会心理学家库利提出的“镜像自我”认为：个体是把别人当作镜子来进行自我感知的，他人对自己的评价、态度等，是反映自我的一面“镜子”。命名就是给孩子建立一个“镜像自我”，传递一种角色期望。在电影中，哪吒经历了三次命名。

妖怪，这是哪吒一出生时陈塘关老百姓给他的命名。这个命名是基于外貌、传说等外在的因素，是一种偏见和误解。虽然这个命名哪吒和他的父母有一百万个不愿意，但还是给哪吒造成了巨大的伤害，孤独、怨恨差点让他走上以妖怪为“镜像自我”的自暴自弃的道路。

灵珠转世，这是李靖夫妇给哪吒编织的一个美丽命名。这看似是一个谎言，却是发自父母内心最真挚的爱。这种爱的背后，是对孩子的信心和希望，不相信孩子天生就是妖怪，相信能通过自己的努力把孩子引上正义之路。灵珠的美好意义，让哪吒瞬间发现了自己存在的价值，点燃了他的信心，看到了希望，明确了方向，生命变得敞亮、高大，他仿佛听到了自己内心的呼唤：那就是我想要的。在这个伟大名字的召唤下，他自觉地承担起了斩妖除魔、为民造福的重任，自觉地以“灵珠转世”的目标来要求自己、修炼自己。

自我命名。当哪吒在陈塘关陷于危难之际喊出“我命由我不由天”“是魔是仙，我说了算”的时候，他已经不在乎外在的命名了，而是纵身一跃，投入到自我命名的更伟大、更艰苦的历程中。每一个生命都是有待完成的个体，需要通过一生的努力去赋予其意义。自我命名，也意味着自我挑战、自我超越，在拯救陈塘关的危机中，哪吒超越自身的魔性，成了一个真正的英雄，赋予“哪吒”的真正意义。

命名是一种编织，就是应该努力把人类最美好的词语编织进孩子的生命之中，让生命从此有一个朝向、有一种力量，让这些美好的词语成为孩子生命中的一部分。

命名不是外在的强制塑造，而是生命的自由抉择和自由朝向。“是魔是仙，我说了算”这就是哪吒对命名的自由选择。在这一点上，敖丙却是从一开始就是为龙族而活，没有自己的选择，只是龙王实现自己愿望的一个工具。虽然有“灵珠转世”之名，却无法真正去做“灵珠”，还差点制造毁灭陈塘关的灾难。而当他为哪吒的友情和挑战精神所感动，选择用万龙甲帮助哪吒一起挑战天雷劫时，他才真正成了自己，完成了自我救赎，让灵珠的价值得到体现。有了自由抉择的命名，命名才能成为一种创造，才能给名字赋予新的、更伟大的意义。

教育启示

要给孩子选择做自己的权利。命名，就是在孩子心中种下一颗伟大的种子。相信种子，相信岁月，孩子最终也会用此方式去给自己和这个世界命名。就像海子说的那样：“我将告诉每一个人，给每一条河、每一座山取一个温暖的名字。”

挑战与成长

从魔童到英雄，哪吒不服从命运的安排。挑战命运的不公，挑战世人的偏见，他是一位不屈的挑战者。这是一个挑战命运的故事，但也是一个儿童成长的故事，因为本质上哪吒挑战的是自身成长问题。

战胜自卑。在“妖怪”阴影的笼罩下，天生神力的哪吒内心是自卑的。他没有朋友，得不到别人的认同。父母虽然爱他、接纳他，但却常忙于斩妖除魔的公务，很少陪伴他。他最恨别人说他是妖怪，他也经常故意去捉弄陈塘关的百姓。这是他内心自卑，得不到别人认同后，用一种近似自暴自弃的自我保护方式，来显示自我存在。战胜自卑，首先要解决的是自身的认同感问题。要寻找存在的价值，要让生活变得有意义，有方向感、目标感。对于哪吒来说，这一切都在“灵珠转世”的善意谎言后得到改变，从此他安心留在山河社稷图里修炼，以便将来为民除害。

修炼自身。“人心都是肉长的，你若能用神力为百姓斩妖除魔，他们又岂会把你当作妖怪?”每一个人都是自己品牌的塑造者，陈塘关百姓误解哪吒，和哪吒自身的急躁、爆烈脾气有关。要想证明自己，得到别人的认同，只有修炼自己，发挥自己的特长，用自己的特长为民造福。

控制自我。所谓的魔就是过度，就是控制不住自己。这一点，从哪吒的性格来说，的确是配得上“魔童”这个称号的。在被“反哪帮”老大称为“妖怪”的时候，他可以用神力把巨石砸向那些人。在山河社稷图里模拟抓妖、棒打白骨精时，他可以枉杀大量无辜人员，这一切都是他魔性的显现。成长就是要学会自我控制，控制自己的情绪，控制自己的能量，让自己成为能量的主人。但他的魔性本身也是一种能量，失去魔性的哪吒不是敖丙的对手，只有借助魔性才能战胜敖丙。这就是一个成长的悖论，人既要发挥好天性，让其为自己所用，成为自己所长，但又要控制好天性，不沉迷其中，不为其所害。就像水一样，要让水利万物，而不能洪水成灾。幸好，哪吒最后知道，如果失去乾坤圈的控制，就会完全成魔。他把乾坤圈套在自己的手上，自觉接受乾坤圈的控制。学会了自我控制的哪吒，魔性变为神性，成了真正的英雄。

教育启示

每一个孩子，都应该是在爱的期待中，学会自我控制、自我成长。每一个孩子只要能战胜自我，不断修炼自我，都可以成为自己的英雄。

电影沙龙

问题讨论一：电影中哪吒从出生开始，就因相貌等问题，被世人称为“妖怪”。可以说这个称谓一直伴随着他的成长，给他带来巨大的烦恼，他也因为这个称谓惹下了不少祸端。

问题：哪吒是妖怪吗？

讨论角度一：电影刚开始时，出于外貌、传说等方面的误解而造成的偏见，这是哪吒自身所不能决定的。对于这一点，我们要引导孩子正确对待偏见，不要生活在别人的偏见中，要活出自信，活出自我。

讨论角度二：哪吒身上的确有一些冲动、易怒、不能控制自己的力量等不足之处，这是哪吒自己能改变的。对于很多成长中的孩子来说，他们最需要的是学会控制自己，接受文化约束。让孩子在天性与规矩之间找到平衡，找准自己的角色定位，实现更主动的发展。

讨论角度三：哪吒的确是魔丸转世，这是他的先天因素，或者说是命中注定的。但生命的意义在于还有丰富的可能性，还需要自我抉择，活出真实的自己。

教育启示

出身、相貌都不是决定性因素。只有自己的抉择、自己的努力才是自我成长的根本途径。对于自我认知，也只有在真正的生存抉择中，才是真实的、有意义的。

问题讨论二：在陈塘关百姓处于危难之际，哪吒不在乎世人的眼光，利用魔性的力量撑住了冰盖，他对自己有了更清醒的认识，喊出了那句震撼人心的“是魔是仙，我说了算”。这是电影中哪吒对自我认识最清楚、最正确的时候，真正把命运掌握在了自己手中。

问题：哪吒曾说“是魔是仙，我说了算”，同样一个哪吒，是魔是仙有什么不同？怎样做才是自己说了算？

讨论角度一：魔和仙的不同在于能否控制好自己的力量，能否自觉接受约束。

讨论角度二：魔和仙的不同在于用自身的法力做什么，是破坏，还是拯救。

讨论角度三：关键时刻哪吒做了什么？他把乾坤圈取下戴在自己的手上，说明了什么？

教育启示

学会控制自己，才能成为真正的英雄。不在乎别人的看法，危机中主动承担起自己的责任，就是找到了自己，就是成为最好的自己。

问题讨论三：电影中申公豹是一个反面角色，是他造成了一系列的灾难。究其原因就是他认为师傅对他不公，世人的偏见让他的心理扭曲。他发出感叹：“心中的成见是一座大山，任你怎么努力也休想搬动。”

问题：电影中，申公豹曾感叹：“心中的成见是一座大山，任你怎么努力也休想搬动。”他说得对吗？请结合电影故事具体谈谈。

讨论角度一：哪吒、申公豹、敖丙都在承受着别人的偏见，但由于应对方式的不同，就有不同的结果。

讨论角度二：“人心都是肉长的。”应对偏见的最好办法就是做好自己，用实际行动去改变别人的看法。即使不能改变，只要做好了自己就行。

讨论角度三：偏见的产生和自身的一些行为有关，就如哪吒的冲动，加深了人们对他的偏见。要加强自律，要反思自己，从自己身上寻找产生偏见的因素，并加以改正。

教育启示

要正视偏见，更需要有自信。要用自己的行动来证明自己，做自己的英雄。

问题讨论四：哪吒和敖丙因为申公豹的诡计而使彼此的命运紧紧联系在了一起，魔丸、灵珠各暗示着不同的命运归宿，正义终将战胜邪恶，故事的结局却是另外一番模样。

问题：哪吒和敖丙你更喜欢谁？谁才是真正的灵珠？

讨论角度一：哪吒敢于挑战世人偏见，挑战命运的不公，敢于把握住自己的命运，但是缺点突出，太过冲动。

讨论角度二：敖丙犯过错，但在关键时刻能够迷途知返，宁舍生命，和哪吒一起挑战天雷咒。

教育启示

真正的英雄都是敢于直面困难、挑战困难、逆行而上的。就像鲁迅所说的："真的猛士，敢于直面惨淡的人生，敢于正视淋漓的鲜血。"

综合探究

1. 哪吒和敖丙会怎样重生呢？灵珠和魔丸之间的故事又会怎样发生呢？请你展开想象，把后续的故事写一写，或者画一幅漫画。也许你的设计会被导演饺子采纳呢！也可以等疫情结束后去看看推迟上映的《姜子牙》，看谁编的故事更好看。

2. 试着给电影中自己喜欢的人物配音。

雄辩巴黎，声名远扬

——《我的 1919》

河南省济源第一中学　　李海天

电影信息

导演：黄健中

类型：剧情 / 传记 / 历史

制片国家 / 地区：中国

上映时间：1999 年

荐影理由

且不论电影是笔者认为体现获得电影华表奖和金鸡奖“双影帝”之称的陈道明最完美的表现；也不论电影发生在 1919 年的巴黎和会，是五四运动爆发的直接导火索；更不论影片中多次反映了作为战胜国的中国在巴黎和会上屡屡遭到无视，让人真切体会到弱国无外交的愤怒与无奈；单说以顾维钧为代表的北洋外交官，在巴黎和会上唇枪舌剑，慷慨陈词，以自己的勇气、坚毅和智慧驳斥日方无理要求，在列强面前勇于说不。特此，给大家推荐电影——《我的 1919》。

观影准备

知识准备

巴黎和会是指 1919 年 1 月 18 日至 6 月 28 日，第一次世界大战结束后，战胜国和战败国在法国巴黎召开的所谓的和平会议。实际上会议是英国、法国、美国为首的帝国主义战胜国分配战争赃物，重新瓜分世界的不平等会议。同年 4 月 30 日，巴黎和会将德国在山东的权利转让给日本。巴黎和会中国外交的失败导致同年 5 月 4 日至 6 日五四运动爆发，学生罢课、工人罢工、商人罢市，要求政府拒绝在合约上签字。同年 5 月 19 日，中国代表团决定不承认合约。同年 6 月 28 日，中国代表团拒绝在《凡尔赛条约》上签字。

巴黎和会的背景

长达 5 年，数十国参战，造成 1600 万人丧生的第一次世界大战结束了。世界盼望着国际新秩序的诞生。1919 年，1000 多位来自参战国的代表齐聚法国巴黎，在法国、英国和美国为首的主持下举行巴黎和会。摆在中国面前的问题是，德国战败，作为战胜国之一的中国要求收回原本由德国占领的山东半岛。但是，同为战胜国的日本却有另一种要求，按照一战爆发前日本政府与中国政府签订的“二十一条”不平等协定，山东半岛应该移交给日本。日本政府提出要求在山东享有各种经济特权、铁路修建权以及派遣警察和经济顾问等。此时中国代表亟须解决的是如何收回中国在山东的主权和领土完整。

顾维钧第一次发言以怀表为例说明了什么？

面对中日两国在山东问题上的巨大分歧，巴黎和会最高委员会请中国代表和日本代表当面交涉。在会议发言阶段，日本代表非常高傲，甚至连发言稿都没有准备。在他看来，中国未出一兵一卒就成了战胜国，偷着乐就行了，哪里有提各种需求的脸面呢？而且“二十一条”是两国政府早已签订好的，中国断无拒绝的理由。顾维钧此时掏出一块怀表，这块怀表正是日本代表刚刚丢失的。顾维钧说这块怀表是日本代表送给他的。日本代表一听，怒火中烧，反指顾维钧偷窃了自己的怀表。顾维钧听后一阵冷笑，偷一块怀表就是小偷，反问日本在全世界面前偷了山东半岛，山东半岛的 3600 万民众该不该愤怒，中国四万万人民该不该愤怒？日本的这种行为，算不算盗窃？是不是极端的无耻？而且在一战中中国有数十万劳工来到欧洲战场，其中多数人献出了生命，这能称作不费一兵一卒坐享其成吗？他还讲出了“中国不能失去山东，就像西方不能失去耶路撒冷”这样经典的语句。顾维钧用怀表这个类比使得日本代表的说法不攻自破，又赢得了与会代表的一致好评，让世界第一次见识到了中国外交官的风彩。

法国总理乔治·克里蒙梭遇刺说明了什么？

法国总理乔治·克里蒙梭在一次外出活动时遇刺，身中六枪。此时，外界纷纷猜测刺客可能来自两个国家。那就是在巴黎和会上未被重视，反而成为牺牲品的中国和朝鲜。因此，中国留学生的住所被警察监视，出入也受到限制。没过多久，凶手被抓，是一个法国人。此事件再次反映了西方列强对国力弱小国家的轻视，甚至不惜栽赃陷害，真的是弱国无外交。

当时的中国政府为何强迫外交人员最终签订协议

在意大利政府退出巴黎和会的前提下，日本政府向巴黎和会施加压力。日本政府提出如果英、法、美不站在自己一边，支持其获得山东半岛的控制权，那么日本也会退出巴黎和会。英、法、美迫于日本在东亚强大的实力，为保持与日本的关系，很快就同意了日本的提议。虽然此时在中国以及巴黎，学生运动如火如荼，抗议列强鱼肉中国的行为；以顾维钧为首的中国外交代表直接向三国代表晓之以理，指出利害关系，但这些都毫无效果。雪上加霜的是此时的中国政府害怕招惹几个大国，要求中国代表在巴黎和会的最终决议上签字。顾维钧等努力斡旋，利用一切机会，用最大的努力试图改变结果，但无济于事。后来，代表团再次接到了政府要求签字的电报。

电影沙龙

问题讨论一：顾维钧身上有哪些我们该推崇的品质？

第一，外表谦虚，内心激昂。在电影中，陈道明饰演的顾维钧平时言语温文尔雅，然而在外交桌前慷慨陈词，据理力争，原则性极强。第二，勇敢机智，才华横溢。在第一次发言中，哪怕只有 1 小时的准备时间，他机智地利用日本代表的一块怀表痛斥了日本帝国主义强占山东半岛的强盗行为。第三，具有极强的爱国主义情怀及高尚的民族气节。面对日本代表私下的威逼利诱，他以钱包与钱为例反斥，而后拂袖而去。

国家在全民抵抗疫情的关键时期，我们身边也有很多感人泪下的故事。在此严峻时期爱国就是听从指挥、注重防护、心怀感恩。做好我们应该做的就是爱国。

问题讨论二：顾维钧在影片中有几次慷慨陈词？分别在什么背景下进行的？产生了怎样的影响？

第一次是在将中国代表 5 人的名额削减到 2 人后不久的会议上。下午 2 点中国代表团正在吃饭时被告知 3 点钟有中国代表的发言资格。在刚被削减人员且只有 1 小时准备时间的情况下，顾维钧略作思考，中文和法文都非常流利的他却偏要用中文阐述观点。在会议上顾维钧以怀表为喻指代日本在全世界面前偷走山东半岛的无耻行为，并且进一步说明了中国人在欧洲战场上的贡献与牺牲。他的精彩发言赢得了与会代表的一致赞扬。

第二次是在 6 月 28 日巴黎和会签字仪式上。当列强代表们纷纷上前签署合约时，顾维钧步履缓慢地走上前，表情严肃地问在座的列强代表:“我，我，我很失望……这一份丧权辱国的合约，谁能够接受？所以我们拒绝签字。请你们记住，中国人民永远不会忘记这沉重的一天。”一向口若悬河的顾维钧，此刻却连说三个“我”，这三个“我”似压抑，似无奈，似愤怒。他已然将个人生死安危置之度外，无所顾忌。最终中国代表是唯一一个未在《凡尔赛合约》上签字的国家，成功地维护了中国的尊严。

问题讨论三：如何理解电影中肖克俭的行为？

肖克俭是顾维钧的朋友，也是巴黎的爱国留学生。他在影片中是一个悲情人物，但也是当时大环境下一代青年的写照。他莽撞、情绪化、有炽热的爱国激情，却没有应变能力和耐心。在巴黎和会要签订将中国山东半岛转交给日本的不平等条约前夕，为了反对列强不平等合约，以肖克俭为主的法国留学生聚在一起，决定用他们的死亡和鲜血制造关注。肖克俭被抽中，要去凡尔赛广场举火自焚。当夜，肖克俭给妻子留下绝笔。随后，他在凡尔赛宫几个国家的国旗前自焚，以特殊的方式来点燃反抗之火。

问题讨论四：影片的结尾，顾维钧拒绝在合约上签字并愤怒地讲到“中国人永远不会忘记这沉重的一天”。有史书记载称这一天是中国外交史上无比高光的一天，你对此怎么理解?

影片的结束语：1919 年是中国近代史和现代史的分界线，是中国旧民主主义革命和新民主主义革命的分界线。1919 年 6 月 28 日，中国人终于第一次敢于向列强说“不”。中国在此次巴黎和会上有几个外交史上的首次。第一，中国首次向国际社会公开和日本签订不平等的“二十一条”的严正立场，在国际舞台上全面控诉和揭露日本侵略者侵犯中国主权的丑恶嘴脸。第二，中国首次拒绝在列强主持的不平等条约上签字，使得日本在外交上陷入困境。第三，中国首次在国际会议上表明中国政府立场，为日后中国国际地位的提升开启了良好的开端。

综合探究

讨论完上述问题，相信大家对顾维钧有了更清楚的认识，也想尝试一下作为外交官舌战群儒的感觉。可以在课堂创设情境，以讲台为舞台，仿照顾维钧的语气，体会当时的心情，比一比看谁模仿得更像（有条件也可以中英文双语尝试）。通过此次活动，大家不仅记住了五四运动的上海和北京，更记住了巴黎，记住了顾维钧等人在外交上的努力与牺牲。

信守承诺，自尊自强

——《一个都不能少》

河南省济源市济水一中　　赵茜茜

电影信息

导演：张艺谋

类型：剧情 / 喜剧

制片国家 / 地区：中国

上映时间：1999 年

荐影理由

今天为大家推荐的电影是《一个都不能少》，这部电影是一部准纪录片。通过原生态的镜头为大家展示了农村家庭和学校教育的状况，可以为孩子提供一个多元的看世界的角度，了解与他们同龄的其他孩子的生活和学习现状，引导孩子们在影片中学会更多的担当与责任。

观影准备

知识准备

这部电影改编自施祥生的小说《天上有个太阳》，影片采用了纪录片的拍摄手法，片中所有的演员基本上都是本色出演，为大家展示了 20 世纪 90 年代末中国农村家庭和农村教育的现状。

电影精读

电影故事情节简单，以 20 世纪 90 年代末的农村学校为背景展开，选择的演员均为农村非专业演员，采用纪录片式的拍摄手法，讲述了家境贫寒的张慧科辍学去城里打工后，代课老师魏敏芝去城里找寻他所发生的一系列故事。

信守承诺

电影中高老师因为母亲生病需要请一个月的假，临走之前交代魏敏芝班里的孩子不能再少了，同时答应如果回来孩子不少的话，就额外奖励她 10 块钱。

在魏敏芝代课期间，明新红因为跑步成绩优秀被选拔到县里上学，但魏敏芝却把她藏了起来。小学毕业的她，或许不能理解村委会主任所谓的去县里上学是件好事，只是坚定地认为高老师说了一个都不能少，这也为之后寻找张慧科做了铺垫。

在寻找张慧科的过程中，她遇到了许多困难。没钱被赶下车，火车站找寻无果，在电视台苦等一天半，克服这些困难所需要的勇气和毅力，远超过 10 块钱的价值。

教育启示

在与他人的交往过程中，我们要学会不要轻易许诺，答应的事情就一定要做到，这是对自己负责，也是与他人建立信任和良好人际关系的前提。从家庭教育的角度来看，作为家长，在答应孩子的请求时，也要认真和严肃，让孩子感受到被尊重和重视。

自尊自强

张慧科在影片开始的时候是一个调皮捣蛋的小男孩，不叫老师，踩粉笔。随着故事深入，他的形象越发饱满起来。

他宁愿赔钱也不愿意为踩碎粉笔这件事而道歉；他在被问到最难忘的事情的时候，一瞬间笑容凝固，低声地说要饭……从这些细节我们可以看出张慧科是一个自尊心很强的孩子。他表面上嘻嘻哈哈，其实是在小心地维护着自己的自尊。

影片中还有一个为 2 块钱和魏敏芝讨价还价的角色——孙志美，她不想陪魏敏芝去找张慧科，因为怕耽误挣钱。在某种程度上，大家觉得这个角色是个唯利是图的人。可是不要忘了，她还是一个孩子，不上学，出来打工的理由应该和张慧科类似。所以，在贫穷的生活中努力向上本身就值得赞扬。

教育启示

现在我们的生活要比张慧科、孙志美好得多。不需要为了生存而奋斗，有一个比较好的学习和生活环境。我们更要学会如何面对困难和挫折，保持积极向上的心态，勇敢地解决问题。

关心他人

故事当中，有这样几个场景值得关注。公共汽车售票员将混上车的魏敏芝赶下车；火车站广播员听说人丢了好几天后扬长而去；电视台传达室工作人员让魏敏芝等了一天半……这些场景，从当事人的角度来看，似乎都讲得通。只是这些理所当然的背后，似乎缺少一些温情的底色。

教育启示

我们习惯于把帮助他人变成大规模举行的捐款，仪式化的学雷锋活动，却往往忽略生活中遇到的一个个鲜活的人。有时候，关心他人可能只是一个简单问候——你没事吧？需要帮忙吗？我帮你问问吧！所以应从生活的细节入手，关心他人的感受，做力所能及的小事。

家国情怀

影片中有一句话值得深思：在各界爱心人士的帮助下，每年约有 15% 的孩子可以重返校园。这句话，听起来让人心酸。张慧科似乎有了一个好的结局，可是李慧科呢？王慧科呢？他们有学上吗？

水泉村因为魏敏芝寻找张慧科的故事收到好心人的捐款，可以改善一下校舍环境。那其他的农村学校呢？他们是否还在漏风的教室、断腿的讲桌、短缺粉笔的情况下学习呢？所以从这个层面上，对《一个都不能少》这部影片似乎应该有更深的理解。

教育启示

一个国家的进步不仅要向上看有多先进的成就，更要往下看，关注那些无声的角落。作为个人，也应该对于弱势群体，例如农村问题、脱贫问题等有自己的关注和理解。

电影沙龙

问题讨论一：张慧科为什么要出去打工？

问题提示：从张慧科母亲和村委会主任的话中可以听出张慧科家境贫寒，是基于经济压力不得不外出打工。他是和大家同龄的孩子，却不得不面临这样的人生难题，我们应该像朋友一样关注他们的生活。

问题讨论二：你如何看待张慧科跟村委会主任要钱？

问题提示：张慧科一直是一个调皮捣蛋的小男孩形象，因为家庭的原因，他看起来对很多事情满不在乎，只在乎自己的利益。但从深层次分析，他的调皮捣蛋很大程度上可能是缺少关爱，在乎自己的利益更像是对现实生活情境的逃避。

问题讨论三：张慧科为什么愿意赔粉笔而不愿意道歉？

问题提示：这体现了张慧科作为小孩子的自尊。读张明献的日记之后，张慧科的表情就说明他已经知道自己错了。但是小孩子的自尊不允许他跟张明献道歉，所以他愿意赔钱而不愿意道歉。作为家长，也应该理解孩子的想法，站在孩子的角度思考问题。

问题讨论四：张慧科以后会怎么样？

问题提示：从影片最后的结局来看，张慧科因为有好心人的帮助还清了欠款，他的生活有了很大的改善，张慧科无疑是幸运的。但是师资的不足、家庭教育的贫乏，使得张慧科还有很长的路要走。影片最后提到，在中国失学儿童中只有 15% 的同学可以重返校园，那么其他的孩子怎么办？即便是今天，城市和农村教育之间仍然存在着较大的差距，所以正如片名《一个都不能少》一样，关注和你同龄的其他孩子的生活，时刻准备为社会的发展进步做出自己的贡献，是每一个孩子内心应该种下的种子。

综合探究

1. 问题回答

由于时间关系，我们远没有讨论完电影中的所有问题，那么看完电影后，你们能否再解答下列问题呢？

（1）魏敏芝是一个合格的老师吗？

（2）如何看待孙志美这个人？

（3）如何更好地帮助水泉村小学的孩子？

2. 问题征集

如果你有奇妙的答案和想法，请在下方留言并讲出你的答案来。我们比一比谁是最厉害的那个人！

看海天一色，听风起雨落

——《大鱼海棠》

贵州省遵义市第三十五中学　　王万永

电影信息

导演：梁旋 / 张春

类型：剧情 / 动画 / 奇幻

制片国家 / 地区：中国

上映时间：2016 年

荐影理由

电影《大鱼海棠》体现了不被现实所束缚，勇敢地做自己，为想做的事情努力付出的故事。电影中不仅有至真至善的情感滋养，亦有感恩与自我牺牲，更有责任的守护与承担。电影有多个主题，选在本书的部分内容是为了呈现和探讨自然情怀的教育问题，以及困境的处理与应对问题，在当代现实生活中具有重要的价值和意义。电影在央视电影频道数次播出，可见其思想性和艺术性得到广泛的认可。

观影准备

《山海经》是中国志怪古籍，大体是由战国中后期到汉代初中期的楚国或巴蜀人所作。

《山海经》全书现存 18 篇，分别为藏山经 5 篇、海外经 4 篇、海内经 5 篇、大荒经 4 篇。《山海经》是中国记载神话最多的一部奇书，也是一部地理知识方面的百科全书。

电影精读

电影以中国哲学思想为文化背景，建构了宏大的世界观，并用浪漫主义的手法，以奇幻的方式将一百多个角色聚集在海底世界。角色原型，大多来自中国古代神话传说或古代重要典籍。在这里，他们既不是神，也不是人，他们是“其他人”，既掌握着世间万物的运行规律，也掌管着人类的灵魂。他们的天空与人类世界的大海相连。他们主要由金、木、水、火、土五族组成，有村落、习俗、族规、居所、家庭、习俗等。而生活的变化，是从一名叫椿的少女按族规参加成人礼开始的。

自我封闭

电影中的“其他人”，居住在封闭的“土楼”里，按照族规，每年举行一次成人礼活动。其条件是年满 16 岁的少男少女，他们把自己变成红海豚，通过与人类接触的唯一通道——海天之门，到达人类世界，在那里游历 7 天后再返回海底世界。

海底世界的人们一直相信与人类接触是危险的，因此他们告诫参加成人礼的少男少女们要远离人类。椿在人类世界被渔网困住，一个男孩救了她。因为她对人类的恐惧，误将男孩甩进漩涡，导致男孩死去。椿很难过，决定要担起责任，救活男孩。

椿去询问爷爷，死后的灵魂会到哪里？爷爷告诉她，每个人死后灵魂会游到北边的如升楼，然后化成一条小鱼，由灵婆看管。她不知道怎么办，到鱼崖边吹响了从男孩那里获得的人类信物。

教育启示

父母习惯性地替子女担心，尽管他们已经成年，依然如此。他们以自己的好标准强迫子女去践行。这看似是爱，其实是一种封闭。父母与子女的关系，应该是一种渐行渐远的关系，直到孩子远走高飞。孩子的独立自主，是送给父母最好的礼物。

重要他人

电影中，椿见到了灵婆。灵婆告诉她："我告诉你什么事最可悲，你遇见一个人，犯了一个错，你想弥补想还清债，到最后才发现你根本无力回天。犯下的罪过永远无法弥补。我们永远无法还清犯下的罪过。"意在提醒椿要为自己的行为负责。椿的坚毅和决心，最终让灵婆答应了用她自己一半的生命换回男孩的灵魂。最后，灵婆提醒椿："我会把他的灵魂交给你，注入你的灵魂才可以让他苏醒过来，从此你们将性命相连，你必须时刻保护他，渡过重重磨难，直到他长成大鱼回到人类世界，才能死而复生。一旦上路，你就不能回头，否则他的灵魂就会永远消散。"从此，椿与这条鱼，成了不可分割的生命体。

和椿青梅竹马长大的男孩湫因为跟踪椿，知道了她用一半的生命换回男孩灵魂的事情，他为了她好，守护了这个秘密。他们为这条鱼取名"鲲"。而湫为了保护鲲，身中蛇毒。椿背着湫找到爷爷，爷爷救了湫。爷爷在临死前告诉椿："我知道你在做一件非常危险的事，所有人都会反对你，只要你的心是善良的，对错都是别人的事，照着自己的心意走，爷爷会化成海棠树，和奶奶一起，永远支持你。"湫和爷爷还有奶奶，给予孤单的椿以精神的支持，这样的支持是难能可贵的。但椿的父母，却在椿最需要的时候缺失了。

教育启示

每个人的成长过程，都需要重要的他人的支持与帮助。与他人有益的情感连接，拥有良好的人际关系，是人活着的意义。我们从重要的他人那里，获得物质、精神上的帮助。同时，我们在交往的过程中，逐渐明白，为他人做自己应该做、可以做的事情，是自我价值的体现，也是自我价值的实现。所以电影启示我们更多地关注人际关系的培养。父母是孩子最亲密、最重要的他人，如果在孩子需要精神支持的时候缺失了，是一件危险的事。

自然情怀

电影中，大大小小的角色有 100 个。他们有的是神话人物，拥有某种法力，掌管人类的某些活动，比如凤凰掌管百鸟、灵婆掌管好人的灵魂、鼠婆掌管坏人的灵魂、琨负责开通天之门；有的是传说中的“神人”，比如后土、蓐收、祝融、赤松子、句芒；有的拥有某项技能，并以此谋生，比如鹿神经营酒馆、嫘祖织布、三手摆渡等；有的是传说中的神物，它们的存在，使海底世界具备了神秘性，比如貔貅、白泽；还有的是海底世界的普通大众，比如毛人、睢鸠、喇嘛鸟等。他们安分守己，各司其职，各尽其事。

那么，是什么让灾难发生了呢？直接的原因是任性的湫。他为了椿，从琨那里偷来了开通天之门的法杖。他莽撞的行为，开天未成，却导致了海天的连接，引来了洪灾，洪水淹没了海底世界，达到无法收拾的地步。最终，椿选择牺牲自己，借爷爷之力化成海棠树拯救众人。湫的行为，并没有让椿获救，反而使椿失去了另外一半生命。

教育启示

这是不是说灾难是湫引起的呢？不是。是椿养鱼犯禁忌在前。那么，灾难是不是椿引起的？不是。按照中国的五行学说，或者中国的哲学思想，自然的运转，有其自身的规律，兴衰轮转，自有其规律性。椿和湫，只是灾难的引子。因此，作为生活在这一规律下的普罗大众，我们需要敬天敬地，对自然保持一颗敬畏之心。

守护文化

电影的开头说，“北冥有鱼，其名为鲲。鲲之大，不知其几千里也”，选自《逍遥游》，是《庄子 · 内篇》的首篇。庄子的理想人格是追求绝对自由——无待、无累、无患的“逍遥”。这是人摆脱现实生活中各种桎梏之后一种精神上达到绝对自由的状态。电影将椿养的那条鱼取名为“鲲”，并赋予此鱼男孩的灵魂。

同时，《逍遥游》还有一句：“上古有大椿者，以八千岁为春，八千岁为秋。”这个椿，原指一棵大树，它把八千年当作一个春季，八千年当作一个秋季。电影里的椿，掌管海棠花的生成，即掌管生命的发生与成长，是希望，是生命力的象征。秋是收获的季节，是成熟也是死亡的季节。电影里的湫，有催熟植物的能力，掌管生命的结果和死亡。椿去湫来，生死轮转。由此，鲲、椿、湫，皆取自《逍遥游》。

关于电影的名字，应该分两部分来说，“大鱼”叫鲲，是一个男孩的灵魂，是椿要报的恩；“大鱼”是一个梦想，并在不断的努力中实现梦想。“海棠”的美丽，是椿坚韧品质的体现。同时，电影英文海报的“海棠”为“Begonia”，翻译为秋海棠，而秋海棠又称相思草。中国人予以“相思”“苦恋”之意，因其又名“断肠花”，寓意“断肠”。这可以认为椿经历的各种磨难是苦涩的。大鱼海棠的故事，其实是借椿通过豢养人类的灵魂鲲，在湫和爷爷等人的帮助下，实现了人格的成长，最后化鲲为鹏达到理想人格。

电影中的建筑是客家土楼，一圈一圈高挂的灯笼，中元节放灯，门、廊的对联与诗文，壁上的莲花，人物的设定与服饰的设计，灵婆的麻将，画面的构图，无一不是中国元素。电影结尾还展示了制作该电影的古籍参考书。这些不仅表明电影人下了功夫，更可以看作是对中国传统文化的守护。

教育启示

中国传统文化是没有断代的文化，是博大精深的文化。我们要回归到文化深处，汲取精华部分，做文化的守护人和传承者。

电影沙龙

“其他人”虽然管理人类，但恐惧与人类接触，不了解人类；椿的家庭，母亲占据绝对的话语权；湫没有父母，由珮领养长大；

椿遇到困难，没有告诉父母真相；椿的爷爷悄悄地帮助椿；椿用一半的生命从灵婆那里换来了鲲的灵魂；爷爷和奶奶彼此相爱；湫为了帮助椿和鲲，偷走了面具和法杖，开启了通天之门；鼠婆偷走了人间信物，成功回到了人类世界；灾难来临时，人们一致指责椿引来灾难，并赶她走；为了杀死鲲，祝融、赤松子竟然放弃救廷牧；椿将另一半生命化为海棠树救了大家的命；湫为了救椿，牺牲了自己。

讨论问题一：如何与他人建立良好关系？

家长角度：相信孩子，尊重孩子的需求，及时沟通，建立边界清楚的亲子关系。

老师角度：相信学生，了解学生心中所想，以平等的态度对待学生，并及时给予学生理性的指导。

问题分析：信任，是关系建立的前提；清楚的边界，是关系延续的基础；相互尊重与支持，是关系发展的动力。孩子为什么不愿意将自己的困难告诉父母，这是自我意识的形成，他们希望自己能独立自主解决问题。同时，一心救人，是他们内心的渴望，是爱的体现，是自我救赎。他们希望自己是有价值的人，是别人需要的人。同时，在帮助他人的过程中，获得关注、认可、感谢、快乐，感受活着的意义、生命的意义，体现自我价值。

家校联手：接近成年的学生，处于自我付诸实践的关键时期。早期自我意识的觉醒到此时需要付诸实际的行动。但这个时候的他们，人生观、价值观和世界观并不成熟，外在的表现是不信任别人、冲动、容易走极端。这个时候，一种良好的人际关系对他们来说太重要了。他们需要同伴的支持，需要老师的支持，也需要亲人的支持。

因为这样，他们才能在困难面前更加勇敢，才能在战胜困难的过程中获得快乐，而困难的战胜，必然会促进生命的成长，这对于他们独立人格、自由精神的形成是十分有益的。

讨论问题二：如果孩子面临困境，你如何提供帮助?

家长角度：首要的任务是知道困难是什么。如果困难是孩子自己能够战胜的，就让孩子自己去完成。如果困难超出了孩子所能承担的限度,就需要家长提供一些可行性的建议或者部分帮助。

老师角度：在规则的范围内，从心理的角度给予正确的指引，对于特殊情况，既要坚定，又要温柔。

问题分析：成长，就是不断犯错，不断改正。人的成长，是终身的。成长的契机，往往是困境。困境的突围或者战胜，让我们发现了自己潜在的能力，并在成长过程中感受到自我的价值。但是，我们战胜困难，是需要在一个范围内，更确切地说是在不违背法律、遵守规则、坚守品行的基础上，付诸行动。

讨论问题三：困难面前，该如何应对?

家长角度：父母与孩子，关系应该是平等的。平等关系的基础是彼此尊重，尤其孩子对父母的敬畏之心。父母拥有的地位、权利，以及物质上的优势等，是孩子不能轻易冒犯的。这就需要父母与孩子建立良好的“妈妈—孩子—爸爸”三角关系。家庭成员中任何角色的缺失，都可能导致问题的产生。这不仅不利于帮助孩子战胜困难，还有可能导致更多问题。椿的家庭里，爸爸角色的缺失，导致的问题是椿不信任父母；湫的家庭里，父母角色的缺失，导致湫任性、胡作非为。椿和湫，虽然不是灾难的发动者，但他们确实成了灾难发生的推动者，这与他们的家庭环境是相关的。

老师角度：老师作为学生的重要他人，是知识的传授者，也是道德养成的引导者。学生遇到困难，寻求老师的帮助，是学生对老师的信任。老师从个人实际出发，及时施以援助是应当的。只是，老师需要判断学生的行为动机，对行为的后果，要提供必要的警醒，就像灵婆相继对椿和湫说的那样。老师需要学生知道这样的道理，学会为自己的行为负责和承担相应的后果。

问题分析：任何人都会遇到困境，也需要他人的协助去战胜困难。作为学生，应该思考：困难是不是自己能够独立承担？自己做出的战胜困难的行为，将产生怎样的后果？这需要作一个预期的权衡和判断。既要战胜困难，又要规避行为带来的负面影响。

讨论问题四：如何做出正确的行为？

家长角度：孩子成长的过程中，父母给予孩子可靠的安全感。父母不仅需要好好和孩子相处，更需要引导孩子与他人相处，培养孩子对父母的敬畏心、对他人的敬畏心，尤其是对自然的敬畏心。在这种环境下长大的孩子，面对困难时，采取方法的可行性、做出行为可以规避的危险性就要大一些。

老师角度：老师不仅要传授科学知识，更要引导学生如何面对生活，如何与他人、与自然相处。

自己知道需要做什么，有什么后果；自己懂得尊重他人，与人和谐相处；保持一颗对他人、对自然的敬畏之心，至真至善，一心一意去做自己喜欢的事，一切才可能做成，一切才有意义。这不仅是人的意义，更是自然存在的意义。生而为人，就需要为自己心中的那条大鱼，心无杂念，勇敢前行，努力付出。

1. 问题回答

由于时间关系，我们没有讨论完电影中的所有问题，那么看完电影后，你们能否解答下列问题呢?

(1) 鲲是不是救湫的那个男孩?

(2) 你认为椿、鲲、湫三人是一种怎样的关系?

(3) 影片中富含哪些中国传统文化? 试着去寻找。

(4) 从《大鱼海棠》这部电影中，你还获得了什么启示?

2. 问题征集

据说《大鱼海棠》续集即《大鱼海棠 2》即将上映，请你猜想一下影片的故事情节，试着写一个故事的结局。

你想成为谁?

——《狗十三》

河南省济源第一中学　　王晓琳

电影信息

导演：曹保平

类型：剧情 / 家庭

制片国家 / 地区：中国

上映时间：2018 年

荐影理由

电影《狗十三》，被誉为 10 年来国产电影里最好的青春片，先后斩获柏林电影节新生代单元国际评委会特别推荐奖、第 21 届北京大学生电影节最佳影片奖。尘封 5 年后，2018 年 12 月它终于在大银幕上与观众见面。

电影讲述了一个 13 岁女孩的成长故事。她得狗、丢狗、找狗并且又获得了一条狗，整个过程她都处于无力的被动地位，大人们掌控、规划了她的生活，想要顺利长大，唯有安静服从。观影后许多人都产生了强烈的情感共鸣，人们在影片中看到了自己真实的青春影子。

电影精读

最近有很多人给我推荐电影《狗十三》，希望我们组织一次研讨，因为这部电影有很多青春的影子。

我们看看电影中有哪几个经典情节，通过这些经典情节可以帮助我们更好地理解电影。

对峙

学校办公室：李玩成绩中上等，不愿意参加英语口语辅导班，班主任老师叫来了她的父亲。父亲当面呵斥了女儿，并替女儿报了名。李玩认为父亲不理解自己，擅自替自己做主，离开班主任办公室后，她哭着跑了。父亲安慰女儿想找台阶下，他给李玩钱，被拒绝。

父亲的问题：他认为钱可以解决孩子的学习问题，父亲用社会化的交往手段来处理孩子的问题显然是不妥当的，但这又是大多数父母的做法。

仔细一想，又不能说谁对谁错。

我们换位思考：如果你是父母，你是否会做出与李玩父亲一样的选择？

如果你是老师，是否会为了激发孩子的潜能，把家长叫来做孩子的思想工作，表扬中带着威胁？

如果你是李玩，在班主任老师和父母达成统一战线的时候，你将如何选择？

礼物

李玩回到家，我们发现她去的不是自己的家，而是爷爷奶奶的家。回到家后她看到了爸爸送给她的礼物，一条漂亮的小狗。

因为生父亲的气，李玩一开始拒绝收留小狗，但是小狗特别黏着她，让她由拒绝到接纳，再到一同吃住，彼此成为亲密的伙伴。

李玩给小狗起名：爱因斯坦。

我们发现李玩生活在爷爷奶奶家，这对李玩性格的影响是非常大的。从这里可以看出，父亲在李玩和第二任妻子之间显然是放弃了李玩。这对孩子的影响非常大，年幼的孩子会有一种被遗弃感。缺爱的孩子一方面安全感建立不起来，另一方面会非常地自卑，又特别地敏感。但是，如果让李玩和第二任妻子住在一起，又会出现很多问题。所以我们常说，每一个问题孩子的背后，都会有一个问题家庭。

我们再想想，父亲为什么要送一条狗给孩子做礼物？这样合适吗？如果你是父母，是否愿意送条狗给孩子？我有两个答案：

一是父亲送狗是为了给李玩赔礼道歉，给自己找个台阶下。

二是父亲想讨好李玩，父亲想带着第二任妻子回家，让李玩顺利地接受。

我们再想想父亲送的礼物是否合适？我个人认为是不太合适的。一方面，小孩子容易与狗建立起非常亲密的关系，这样可能会影响孩子的注意力，容易造成学习成绩的下降；另一方面，不是不同意让孩子养狗，而是狗的丢掉或者狗的意外死亡，都会给孩子造成比较大的心理伤害。

寻狗

爷爷是喜欢孙女的，也是喜欢孙女的狗的，他带着狗去菜市场给孙女买她最喜欢吃的菜，结果狗跑丢了。爷爷知道孙女喜欢狗，与小狗形影不离，把孙女最喜欢的狗给弄丢了，这怎么收场？与李玩爸爸沟通之后，李玩爸爸和新妈妈决定送给李玩新的礼物：一双漂亮的滑冰鞋。

但是知道那条叫爱因斯坦的狗丢了之后，李玩疯了一样地四处去寻找。通过电影我们看到李玩愿意接纳新妈妈，为什么不愿意接受狗丢了的现实？我们看到李玩对新妈妈没有敌意，她是比较平静地接受了，说明她内心不是一个特别别扭计较的孩子，因为新妈妈再好，也不是自己的，与自己无关。

但是那条叫爱因斯坦的狗就不一样了。那条狗已经成了李玩生命的一部分，她完全敞开心扉接纳了它，小狗的陪伴弥补了她亲情的缺失。那条小狗也许就像她的妈妈一样。

电影中李玩有一个动作，她每吃一口面条，都会在空中晃一晃，好像是喂给谁，是远方的妈妈吧，看得让人心疼，好像生命中少了一块似的。而爱因斯坦的丢失，就像她生命中刚刚愈合一点的伤口又被撕裂，甚至又被切走一块。所以，李玩要找回她生命中这一部分，这是温暖的陪伴，而且是感情上最好的伙伴。在她认为只要有一丝可能性，她就会拼尽全力。

她的行为让爷爷更加愧疚，也让一家人束手无策。大家还是爱李玩的，但是爱的方式和程度各不相同。

父女

电影中父女之间的战争其实早就存在，只不过没有遇到一个合适的爆发机会，而丢狗事件就把父亲的暴怒完全激发了起来。

父亲认为，不就是一条狗吗？爷爷为你寻狗伤了脚，全家人因为一只丢了的狗而陷入混乱之中，而李玩丢了爱因斯坦之后，像丢了魂一样，甚至还与男生约会并学着喝酒。这是自暴自弃的表现。

家长与孩子的想法是多么的不一样。父亲拽回喝醉的李玩，盛怒之下，采取的方式是简单而粗暴的，直接一顿暴打，他想用家长的权威和暴力制服女儿。打完女儿后，父亲又向女儿道歉，解释他这样做是因为爱她。以爱的名义伤害，比单纯的伤害更让人害怕。李玩虽然任性，还没有遇到过这样的摧残，她吓坏了，面对瞬间变成魔鬼的父亲，她选择了屈服。

屈服，是一种被动的成长，一种多么痛的领悟。

新狗

李玩的新妈妈又买了一条与原来一模一样的狗，告诉她爱因斯坦找到了。但是李玩知道，这不是她原来的那条爱因斯坦。但是周围的人都说是，你要不承认，就是你不懂事，不体谅别人。

这是一个现实版的指鹿为马的故事，一个成人世界中明明白白的谎言。李玩在反抗无效后，选择了接纳。这意味着她已经褪去孩子身上的任性，褪去自我，接受成人世界的规则。

但这不是正常的规则。这种规则是畸形的，是对生命异化的扭曲。

弟弟

终于，李玩知道她不仅有一个新妈妈，而且有一个新弟弟。弟弟一出现，立即就成为家庭的核心。这既是对重男轻女思想的披露，也意味着李玩在家庭地位中的彻底丧失。

弟弟无意中摔下凳子，让新妈妈对李玩产生了戒备；弟弟玩耍中打伤了奶奶，李玩要求弟弟给奶奶道歉，父亲却认为孩子还小；李玩带弟弟买雪糕被新妈妈拒绝；弟弟用棍子戳爱因斯坦，激发了狗的本性，狗咬伤了弟弟。

一家人坚持把狗送走，愤怒的父亲把狗送到了不知名的地方。

而李玩的心理感受、李玩与狗的感情、李玩的成长没人关注。这是成长的悲哀与伤痛。

电影沙龙

问题讨论一：单亲家庭或者重组家庭的孩子面临的重大问题是什么?

问题启示：单亲家庭的孩子面对的是爱的缺失和不完整。这会造成他们心理上的不安全感。而重组家庭的孩子面对的情况则更为复杂，他们不仅面临心理上的缺失，而且可能面临嫌弃，甚至来自成人的欺凌。这些孩子都是在夹缝中艰难生存的，他们过早学会察言观色，讨好别人，形成讨好型人格。

所以单亲家庭或者重组家庭的孩子容易出现的问题是：自暴自弃，混迹社会；过度自卑，沉溺在个人不幸中无法自拔；仇恨与报复心理，甚至出现反社会人格。比如我们以前研讨的电影《单车少年》中那个被抛弃的少年。

问题讨论二：父母对待孩子的态度会给孩子带来怎样的影响?

母亲：母亲一般对孩子是无条件接纳的，正是母亲的接纳和包容，会带给孩子成长的正能量。

比如电影《叫我第一名》中患有妥瑞氏综合征的布莱德，电影《嗝嗝老师》中的奈娜，他们的生活都因为母爱而改变。

但是过度的溺爱，也容易造成母亲以爱之名对孩子的控制，形成妈宝男，孩子因为母爱从而失去自己的生活。

父亲：父亲对待孩子的态度，对孩子成长的影响也是巨大的。

《当幸福来敲门》中的主人公克里斯，一个人带着孩子去奋斗，给孩子树立了良好的人生榜样，这是一个伟大的父亲。

《单车少年》中的父亲，认为孩子是累赘，把孩子抛弃。自此孩子自残，混迹社会。

父母的心态，决定了孩子的人生，所以最终还是教育的问题，朋友式的参与、引领式的指引才是教育应有的方式。正如《少年时代》中离异的母亲带着孩子嫁了三次，父亲却都参与孩子的生活。

问题讨论三：如果你是这种家庭的子女，你将如何应对成长中的危机?

问题启示: 第一，接纳自己的现状和处境。接纳不完整的家庭、不完整的家庭关系、不完整的自我，才有可能坦然面对。对于《风雨哈佛路》中的丽兹来说，母亲吸毒，父亲离家出走……多么丑陋的现实，但是丽兹依然接受了他们。

第二，不失去心理的平衡感。这个世界没有什么是理所应当的，这个世界也不欠任何人。包括父母、爱人、孩子，都不欠你，这样我们的心态才会平衡。

第三，新的生活在于创造。既不沉溺于过去不幸中，又不失去面对新生活的勇气，一路勇往直前。阿云嘎因《声入人心》节目而火起来，为什么这么多人喜欢这个蒙古族的少年? 4 岁时父亲去世，7 岁时母亲去世，他在草原上放牛放羊，后来亲戚把他送进舞蹈学校，去了部队文工团，却喝酒喝坏了身体，退役后去考北京舞蹈学院，打了三四年的工，挣了学费才去上的学，哥哥去世后由他抚养哥哥的孩子。那么多人喜欢他，是因为他身上有一种积极的力量。世界以痛吻我，我却报之以歌。

鸟失去过巢穴，但它们不会失去建造巢穴的能力；希望被打碎过，但不会失去朝向希望的努力；所以与其诅咒黑暗，不如点亮自己。

综合探究

1. 如何做合格的父母?
2. 怎样了解子女的真实想法?
3. 如何理解父母的期望?
4. 你想成为父母希望成为的样子吗?

一场传统与新锐的教育博弈

——《银河补习班》

山东省东营市利津县汀罗镇中心小学　　刘会忠

电影信息

导演：邓超 / 俞白眉

类型：剧情 / 家庭

制片国家 / 地区：中国

上映时间：2019 年

荐影理由

较之于常态学习，疫情期间，家长和孩子有了更多共同学习的时间和机会。作为家长，究竟如何引领孩子明确人生的方向，学会求知，学会思考，甚至学会做人，都是我们不得不面对的现实问题。电影《银河补习班》为我们提供了一面镜子，借此可以照一照我们的教育理念和亲子关系，无论对家长还是对孩子都大有裨益。

观影准备

知识准备

了解新中国成立后在教育领域发生的重大变革。

电影精读

这部电影一上映，就招来网友们的诸多非议，诸如用力过猛，承载的内容太多，情节设计突兀，等等。但在笔者看来，瑕不掩瑜，这是中国少有的对中国教育与亲子关系进行深度反思的佳片之一。邓超饰演的父亲马皓文凭借对儿子真挚而深沉的爱与信任，帮助一个被老师和同学甚至妈妈都不看好的孩子成长为中国最优秀的航天员，这个过程足以触动每一位家长的神经。假设我们也能像马皓文那样理解孩子、鼓励孩子，帮他们体验学习的乐趣，明确人生的方向，谁能否认我们自己的孩子也能成为第二个、第三个、第千千万万个马飞呢？下面，我将集中笔墨谈一谈影片中的教育元素，深度剖析发生在影片中的那一场传统与新锐之间的教育博弈。

煤球再怎么洗，也成不了珍珠

影片中传统教育的代表人物是阎主任。阎主任从小在山村长大，后来通过上学让他从那些没有鞋子穿的穷孩子中脱颖而出，过上了相对体面的生活。因此，在阎主任看来，学习是走向成功的唯一捷径，想方设法获取高分则是教师和学生的唯一目标。在社会资源相对贫乏的年代，这种想法无可厚非。但是，如果把原本只是标记的分数当成了学习追求的唯一目标，那就像只看到手指，却没有看到手指指向的月亮一般可笑。没有分数当然考不上大学，然而，就像马皓文说的，大学并不是人生的终点，学习的最终目的不是为了那个分数，而是过上幸福的生活。如果仅以分数论成败，就容易导致学生高分低能现象的发生，我们培养出来的就有可能是一批只会考试不会做事的人。

杜威曾经深度分析过这个问题。起初，为了经验更好地传承，人们用文字把经验记录下来，成为人们学习的材料。但随着时间的推移，教育者和学习者渐渐将文字本身当成了学习的对象，却对文字承载的意义和活生生的经验丧失了感觉。更有甚者，将原本用来评价学习优劣的分数当成了学习的目标，实在是舍本逐末。

分数至上导致的最严重的后果就是教育者“眼中有分而目中无人”，“人”成了获取分数的机器，自然而然地，低分者在以分数论英雄的评价制度中成了老师厌弃的对象。极端者，便像影片中阎主任一样。在阎主任眼中，那些学习优秀的孩子是他的荣耀和骄傲，理所应当把他们的照片挂在墙上，供世人瞻仰。而那些成绩落后的“学困生”，就像煤球，怎么洗也成不了珍珠。当然，你可以说阎主任缺乏辩证看事物的眼光，没有看到人的发展性与可塑性，但是，在 20 世纪 90 年代初的教育环境下，秉持那种教育思想的人绝对是主流。甚至在当下，在激烈的中考、高考竞争下，又有几个人在乎那看上去有点华而不实的兴趣与理想？有几个人不是围着分数转呢？

不看好马飞的不只是阎主任一个人，那个幼儿园的老师就因为马飞没有做好一个单腿点地的动作就认定他“缺根弦儿”。这种观点在马飞妈妈那里得到深化和扩展，她总是说自己的孩子就是笨。在其前夫马皓文想用自己新锐的教育思想教育马飞的时候，马飞妈妈直言他就是在添乱，坚决反对马皓文把自己的孩子当成“试验品”。不能说马飞妈妈不爱孩子，她为马飞的成长付出了很多，为他找了最好的学校，为了能让孩子不被学校除名就差给人家下跪了。但是，我们评判教育成败的标准并不在于付出多少，而是这种付出有没有转化为孩子实实在在的成长。如果家长的付出对孩子来说只是一种束缚和压迫，那就是彻头彻尾的“绑架”。现在，有多少家长在借着“为你好”的幌子行阻滞孩子发展之实啊！

显然，阎主任的形象在影片中是负面的。他出场时的样子不像个教育者，倒像个典狱长。最具讽刺意义的是，他自己收养的孩子，也曾是学校的骄傲——高分获得者，却因为分数不及格被大学拒之门外，成了疯子。这惨痛的教训似乎并没有让他有所警醒，反而更加“执迷不悟”了。他只相信“煤球再怎么洗，也成不了珍珠”，却不曾想过，即便是他眼中的珍珠，不好生呵护，也会失去应有的光泽。

桥可以塌，爸爸永远不会塌

影片极力美化的新锐教育思想的代表者——邓超饰演的工程师马皓文，原本是东沛大桥的设计师、亚运火炬手，却因为他人没有严格执行图纸设计导致新建的东沛大桥还未投入使用就坍塌了。马皓文的人设也因之而坍塌了。他一下子由人人敬仰的工程师变成了人人唾弃的过街老鼠，并承受了长达 7 年的牢狱之灾。这 7 年里，儿子马飞已经从幼儿园升到了中学。

马皓文出狱后的第一天，等待他的除了大家的唾骂、邻居的围攻，还有一个儿子即将被学校开除的坏消息。马皓文的出现，让儿子马飞颇感意外。在教学楼下，马皓文与阎主任有了一个君子之约：马飞走读，到期末考试，马飞的成绩由全班倒数第一，上升为全年级前十；到马飞高中毕业，成为全校最优秀的学生。这是一个学生家长与校方的约定，也是一个新锐教育与传统教育论剑交锋的约定。

在今天看来，马皓文的教育思想似乎并没有太多新意，但在当时却无疑是一种革新。

7 年中，马飞备受嘲讽和压抑，对自己失去了信心，马皓文首先要做的就是帮助儿子重拾信心。马皓文告诉儿子："相信自己，你是最聪明的。爸爸相信你！"这种信任不是语言上的策略，而是一种真挚地从心底生发的信任。当一个人真的对自己产生信任感的时候，奇迹就会出现。就像中国人民解放军国防大学教授金一南说的那样："有些人因为看到而相信，有些人则是因为相信而看到。"虽然金教授说的是毛泽东等老一辈革命家，但这句话同样适用于马皓文和马飞。插一句题外话：有人曾经质问，在西天取经的路上，唐僧凭什么做一把手？答曰：因为只有唐僧有坚定不移的信念。有信念者，高山也会为他让路。

信念固然重要，但信念的实现离不开方法的支撑和付出的保障。在方法指引上，马皓文没有让马飞像别的学生那样死啃课本，而是告诉儿子，要“不断地想”。用杜威的话说，这就是由学知识，转向会思考。同时，为了减轻马飞的心理负担，他把厚厚的课本均匀地分在每一天，让儿子看到每天只需看懂 0.1 厘米，就能考个不错的成绩。果然，马飞在爸爸的鼓励下，由班级倒数第一上升到了年级倒数第五。看似进步不大，却是马飞重拾信心的开始。为了鼓励儿子，马皓文卖血、卖表、干苦工，为儿子买了一台 586 电脑。可惜的是，那台电脑并没有成为马飞用来获取知识的工具，仅仅是供他玩游戏而已。真实是真实，但总让人感觉费那么大劲儿买个高级玩具是不值得的。

但有一点，马皓文的做法是颇值得肯定的。在马皓文看来，知识不是实现梦想的工具，而是学习的终极目标。要想让知识真正成为思维做事的工具，就要真切理解知识背后的意义。在送马飞上学的路上，父子俩平躺在土坡上，马皓文让儿子嗅小草的味道，看远近草色的变化。马飞第一次对“草色遥看近却无”有了切身的感受。但是如果仅仅这样就能实现人生的跨越发展，就太假了。

在人生的成长之路上，有迂回是再正常不过的事情了。果然，马飞因为带着玩具飞机到学校，被阎主任抓了个现行，代班主任小高老师因之受了处分。马飞回到家中，非常沮丧，对爸爸说：

"太难了！我不是不想学，但是太难了！我还是长大了卖烧饼吧！"恰在此时，邻居上门发难，马皓文大发雷霆，他似乎是喊给儿子听的，也像是喊给自己听的："我不会认输的！永远——不认输！"这声嘶力竭的大喊深深触动了马飞，第二天，他给爸爸偷偷写了张纸条："爸爸：像你一样，永远不认输。"有人说，身教胜过说教，信然！从此，马飞一路狂奔，成绩提高很快。

临近期末，马飞看到有一场飞行展开展在即，非常想去看一看。当时马皓文顶住重重压力，和儿子一路游山玩水去看展出。那次出行，对马飞来说意义重大。很多课本上所学的东西，在旅行中得到了印证，同时他还学到了课本上没有的东西。正所谓"读万卷书不如行万里路"，虽然观赏票已经售光，但马飞却有了在野山上和各式飞机近距离接触的机会。于是，那个曾经虚幻的航天梦在他心中变得真切起来。一个人一旦有了自己真心喜欢的东西，就会产生学习的内在动力。应该说，这才是真教育。

真教育总要经过实践的验证才能印证其时效，于是影片中有了父子俩飞行展返程中的暴雨遭遇。因暴雨导致的洪峰将至，马飞却被困在一处建筑物中，眼看就有生命危险。马皓文透过扩音器告诉孩子："看看眼前有什么？爸爸相信你能自己想办法救出自己。"只有在生命危急之时，人的潜能才能被最大程度地激发出来。于是，马飞终于"睁开了眼睛"，他用门板和窗帘自制了一个木筏，又用哨子和手电筒做标记工具，终于脱离了危险。

有的人可能要问，在这段影片中，为什么要设计父子俩走失呢？因为，归根结底，成长是自我之事。无论爸爸多么能干，都无法代替孩子的成长。这种绝地求生的情景，实际上是马飞自我成长的最好注脚。也正是有了这一经历，才会有影片最后宇航员马飞冒死出舱修好通信天线的桥段。二者互相照应，印证了马皓文教育理念的正确：知识是用来解决问题的，不是仅仅用来应考的。其实，这种观点在杜威那里屡见不鲜。

当然，能解决问题的知识用在考试上一点也不含糊，马飞如愿以偿进入全年级前十名。到毕业时，成为全校最优秀的学生。

在这场传统教育思想与新锐教育思想的博弈中，以马皓文为代表的新锐派以绝对优势胜出。胜出的背后，是一位父亲全身心的付出。无论遇到什么情况，马皓文都没有退缩过。就像他说的："桥会塌，但爸爸不会塌。"但是，这种胜出并不完美。在后面的解读中我会再做解释。

梦想是生活的靶心

马飞之所以能够在事业上取得成功，既得益于有一位"骄傲"的父亲，同时也离不开个人心性的成长。这一成长的过程就是梦想逐渐清晰直至实现的过程。

起初，马飞只是对飞机模型感兴趣，随着年龄的增长，那个飞天梦逐渐清晰起来，野山上与飞机的近距离接触，更让他坚定了成为飞行员的信念。他坚定地拒绝了阎主任让他报考清华、北大的请求，毅然决然地参加了飞行员招考，如愿以偿地成为一名飞行员。正因为他热爱飞行，所有的苦累才成了享受。于是，正如杜威说的，当工作像游戏一样充满快乐时，工作就变成了艺术的生活。由飞行员进而成为宇航员，对一个醉心飞行的人来说，则是成功的极致。

心中的那座桥

马皓文说："人人心中都有一座桥。"对于马皓文来说，垮塌的东沛大桥是他的心中除不去的阴影，说什么也要证明，大桥垮塌不是他设计造成的。对别人来说，这也许只是茶余饭后的谈资，但对马皓文来说，这是自己的荣辱尊严所系，他放不下，也不能放下。曾经，马飞也是他的骄傲。事实上，在学知识、用知识上，马皓文确实是一名优秀的新锐教师。但是，影片末尾，马飞为了能成功入选宇航员，居然要求老爸放弃为自己"平反"。马皓文才意识到自己教育的"失败"。他教会了马飞如何学习，却没有教会马飞如何坚守道义的底线。

确实，我们在育人时过多注重了孩子的知识增长与能力提升，却忽视了更为重要的"育心"，公平与正义感才是为人更为根本的东西。从这个角度讲，马皓文对儿子教育的成功是有限的，而非完美的。

电影沙龙

讨论问题一：放飞心灵与专心学习孰重孰轻?

学生角度：学习知识固然重要，但当下的快乐也是不可或缺的。青春只有一次，如果能快乐地学习固然好，如果对学习内容不感兴趣，适当的放松调节更能提高效率。

家长角度：孩子年龄还小，他们看不到当前社会竞争的激烈，贪图眼前的一时宽松，换来的可能是在社会底层挣扎一辈子。只有好好学习才能改变自己的命运，等有了稳定的工作，再放松也不迟。

老师角度：快乐是有层次的，当心中有目标、有梦想的时候，在专心学习的过程也能得到心灵的放飞。没有目标的玩耍消遣，并不能带来智性的提升，属于无果的“傻玩”。关键处，是要找到自己的目标和兴趣所在，以此为出发点，专心学习，获得更高层级的快乐。

问题分析：当学生缺乏真正的兴趣，学习只是为了获得更高的分数，却看不到物化的成果时，学习就会成为苦役。只有让学习具有现实意义，让学生真切感受到知识的魅力所在，学习才会成为学生愿意做、主动做的事情。

家校联手：家长应该与学校积极合作，不断丰富学生的生命体验，通过参加丰富多彩的活动帮助学生找到适合自己的兴趣点，并以此为基础，不断扩展求知的范围和深度，让学习真正成为成就兴趣、实现梦想的过程和载体。

讨论问题二：马飞的妈妈和爸爸其实都爱孩子，只不过爱的方式不一样？你更认同哪种方式？为什么？

学生角度：自然是更认同马飞爸爸爱孩子的方式，民主，善于倾听孩子的意见和建议，能时刻鼓励孩子，为孩子创造宽松的学习氛围，不强迫孩子做不想做的事情。

家长角度：一味宽容并不是好事，溺子如杀子。孩子该管要管，该严要严，一味顺着孩子，只会害了他们。人无压力轻飘飘，谁不想活得轻松点，孩子不严加管教根本不行。

老师角度：对孩子骄纵自然不好，但一味用强更不可取。要善于倾听孩子的心声，帮助孩子更全面地看待问题。必要的时候，要和孩子共同制定规则，基于规则实施奖励与惩罚，不能出现情绪性的发泄。

问题分析：真正睿智的爱是父性之爱与母性之爱的结合。所谓父性之爱就是基于规则之下的爱，当孩子在规则下行事的时候，给予奖励，反之，给予惩罚。母性之爱则是无条件的爱，爱孩子没有理由，仅仅因为他是你的孩子。母性之爱给孩子以安全感，只有在安全的前提下，孩子才敢于去尝试、去探究。父性之爱给予孩子以规则，只有在规则之下孩子才不会走向反社会的歧途。对于初二的孩子来说，必要的规则是要有的，但这规则必须建立在孩子的认同之上，否则规则就成了霸权的化身。

综合探究

1. 马皓文说："人人心中都有一座桥。每个人都要修好自己心中的桥。"言外之意，每个人都有自己看重的东西，或是梦想，或是尊严，或是名誉，或是事业，或是亲情，或是友谊……你心中的那座桥是什么？你打算如何修好这座桥？动笔写一写吧。

2. 和父母商量制定一份家庭沟通细则，让家庭关系更和谐。

阶梯电影六

初三的孩子一方面面临升入高中的巨大学业压力，疫情带来的影响又增加了他们的心理压力，所以这一阶段的孩子我们侧重于对他们进行心理疏导。另一方面要加强励志教育，引导孩子正确处理人与自然、人与人的关系，懂得理解父母的艰辛，懂得承担家国责任。我们精选了6部电影，通过电影引领生命成长。

少年多壮志，爱拼才会赢

——《叫我第一名》

河南省济源市实验中学　　任　泊

电影信息

导演：彼得·维纳

类型：剧情 / 传记

制片国家 / 地区：美国

上映时间：2008 年

荐影理由

在因疫情困守家中不能外出、日益临近的升学考试的双重压力下，人们最容易失控的就是情绪，最需要呵护好自己的事情是情绪和健康。

观影准备

1. 知识准备

上网了解妥瑞氏征。

2. 活动准备

记录用的笔和纸。

电影精读

电影故事在回忆和现实中交替进行，这个成长故事情节很简单，一个克服生理缺陷为梦想不懈努力的年轻人，成长为优秀教师。经历不算轻松。有温暖的家人：妈妈和弟弟，尽管爸爸另外有了家庭，仍然也很关心他，但是他是不受学校欢迎的学生。有人把这部电影归入轻喜剧，整个电影在明快的节奏中慢慢展开。

学习困难生

男主角布莱德，患有先天性妥瑞氏征。小学时，别人 1 小时完成的任务，他需要三四个小时才能完成，被同学取笑而打架；课堂上没办法控制发出怪声，打扰老师上课，打扰同学听讲，一边说我再也不会发出愚蠢的声音，一边不可控制地继续发出怪声。

被任教老师和学校认为是无法管教的孩子。在一次全校音乐会上，校长和布莱德一段简短的对话，向大家说明了妥瑞氏征的真实情况，布莱德得到全校师生的包容和鼓励。在这一刻，他为自己的人生做了一个重大决定——要成为一名教师。

教育启示

布莱德上学阶段遭遇的问题，是学校教育中常常遇到的问题，他是一个学习困难的学生，一个屡教不改的学生，更严格来说是一个得了一种我们不了解的疾病的学生。影片里有一个很好的做法，即当我们不能理解、不能改变的时候，我们只要做到承认和接受。在工作中有太多我们不知道和不了解的内容，当我们不知道的时候，不要想当然地去评价和帮助。

求职波折多

大学毕业后，他秉持着每个学生都值得被教导的教育理念，带着优秀的成绩和推荐书去各个学校面试，寻求教职。他在面试时向别人介绍妥瑞氏征，告诉别人说这是神经性的疾病，它是不可以控制的，但是放松会减轻。布莱德对学校招聘者解释如何让学生接受他：在他们了解我之前，他们会把我当成怪物，甚至会怕我，但是，一旦他们了解妥瑞氏征后，他们就会知道布莱德是个普通人，只是偶尔发出一些怪声。然后他们会认同我是一个好老师，就像他们认同你们一样。经过了 25 所学校的面试，他终于成了一所学校的教师 。在这过程中他收获了爱情，得到父亲的理解、新同事的帮助、学生的喜爱、教育监督部门考察官的认可，获得年度最佳新人奖。

电影到这里结束了，但是带给我们的启示却刚刚开始。布莱德说："妥瑞氏征教给我最重要的是绝不要让任何事阻止你追求梦想。"他从电影一开始就说，我有一个伙伴，从我记事起，他就没有离开过我。把一个灾难性的疾病当成朋友和伙伴，把这个不能治愈的疾病所带来的挫折，都当作是成长和经历，他在求职屡屡失败时说："还没找到那所学校之前，我不会放弃，真的，我不会放弃。"

教育启示

刻板印象主要指人们对某个人或某个事物形成一种概括固定的看法，并把这种看法推而广之，使整个人或整个事物都具有该特征，从而忽略了其他个性特征。刻板印象的积极作用是帮助人们更容易、更快捷理解同类事物，可以简化认知活动 。但在本电影里刻板印象体现的是负面影响，造成以偏概全的偏见。电影台词里说，是他们只看到了妥瑞氏征，没有看到你优异的成绩和教育理念。

重要他人

布莱德的妈妈，出场镜头并不多，但是很重要。第一个镜头就是布莱德的爸爸要求布莱德自制一点，她从家里走出来，为布莱德解围。紧接着多次带布莱德看各种医生，相信孩子不是无理取闹。老师批评她的孩子不服管教的时候，她相信布莱德，为布莱德辩解——“我相信他，他说他控制不了。”接下来的日子里她去图书馆，动手查阅医学书籍资料，当查明是妥瑞氏征时，医生告知她无药可治。妈妈带布莱德去参加团体互助活动，想从别人的生活里得到一些借鉴，结果同类的病人生活得都很消沉，布莱德的妈妈及时真诚的道歉，得到小布莱德的承诺：我不会被妥瑞氏征打败，我不会放弃。布莱德大学毕业后前往学校求职，多次求职失败时，妈妈依然相信：你会的，一定会的；当布莱德在爱情面前退缩时，妈妈告诫他不要因为妥瑞氏征而放弃；布莱德发表获奖感言时为他的紧张而担心……

教育启示

在布莱德的成长过程中，妈妈给予孩子充分的信任，陪孩子一起学习，平等鼓励，做好引领、做好参谋、做好后援，却没有包办。爱是为成长护航，不是培养“妈宝男”。

人文关怀

电影之所以在温馨轻快的氛围中流淌，因为这部电影里面的人——很多普普通通的人都表现出来了善良。起哄的同学、生气的老师、无可奈何的校长、恨铁不成钢的父亲、承认无药可治的医生、惊诧的路人……面对布莱德种种讨厌的行为，正常人选择了正常的反应，拉开了正常的距离而没有恶意拒绝，对此布莱德表现得很习惯、很能理解并且极有教养：我不去，我这样会打扰演出。但是希望是一种很难戒掉的习惯，他仍然希望自己多碰见一些可以理解、支持、欣赏他的人。

教育启示

思维定式，在感性阶段也被称为刻板印象，按照积累的思维活动的经验教训、已有的思维规律，在反复使用中形成比较稳定的、定型化的思维路线、方式、程序和模式，也称惯性思维。能快速帮助人解决类似的问题，也会妨碍人们采用新的方法，是创造性思维的枷锁。

电影沙龙

麦尔校长和布莱德有两次对话，第一次对话告诉他学校是用来学习知识的，学习知识是为了打败无知，并请布莱德参加学校音乐会。第二次对话在音乐会上，他用平和的方式让布莱德向大家介绍了他的病情：这是大脑的问题，所以会发出怪声；你们不喜欢听怪声，我也不喜欢发出怪声；压力大的时候会更严重。麦尔校长问布莱德怎么才能帮助到他，他说只要大家接受我，情况就不会严重。我只希望大家别用异样的眼光看我。布莱德得到全校师生的掌声，这让布莱德觉得那一刻，他的面前开启了一个全新的世界，带给他全新的人生，从此他坚信每个学生都是值得教育的。

讨论问题一：布莱德为什么有了当老师的理想？

家长角度：家长应该帮助学生了解真实情况，以免被不实信息误导，家长应成为孩子坚实的后盾、成长的向导。这次疫情是一个很好的教育切入点，家长可以和孩子一起谈谈人生和理想。

老师角度：我们现在也算处在一个重大的事件中，所有的社会热点都指向本次疫情，对学生的内心也有冲击，一些熟悉的、不熟悉的行业闯进了我们的视线，借此契机刷新观念，进行职业教育，帮助学生树立近期目标和远大理想。

问题分析：一个有教育理念的教师，一定会用他的教育理念指导他的教学行为，支配他的言行。一个直击学生心灵的问题，完全可以影响一个人的世界观，从而做出决定人生方向的重大决定。

布莱德的生活里有两类人，我们把它简单地归为正能量人群和负能量人群吧。

正能量人群：他的妈妈始终会说，我相信你，你会的，你一定会的。他的弟弟会因维护他和别人打架。麦尔校长说：我们怎么能够帮到你？让他做出人生一大决定。他的女友喜欢他的乐观幽默。他应聘的第 25 所学校的校长说，我们应该以身作则。二年级的学生喜欢他，愿意上他的课。布莱德很优秀，他们也看到了他很优秀，并给予他肯定。

负能量人群：布莱德说：我对我的病很坦然，唯一让我受伤的是他从来不接受我。很多学校的校长，他们只看到了妥瑞氏征。高尔夫球场管理员担心他的怪声音打扰了其他会员；转走自己孩子的家长怕孩子学习不专心；开罚单的警察对他的求职愿望不看好；他第一次和女孩子约会，不断地发出狗吠声，引得周围人对他侧目而视，他笑着说："他嫉妒我，他在想：我怎么才能够像那个家伙一样发出这么酷的声音呢?"他接受这些怪异的目光、语言和行为，像坦然接受妥瑞氏征一样，这很常见。如果我放弃，就是向那些错看我的人屈服。

讨论问题二：如何理解布莱德经历 25 次面试才得到想要的职位?

家长角度：应该给予孩子信任，挫折面前更需要理解、包容和支持。

老师角度：老师通常应该更为理性地为学生提供一些理论分析和实践方法：一个是去做，一个是要坚持做。

问题分析：不经历风雨哪能见彩虹，没有人能随随便便成功，一个人要有明确坚定的目标，为实现目标要夯实各种各样的方法。对内，克服干扰认真上进；对外，坦白真诚寻求理解和帮助；最后坚持努力，不放弃。

讨论问题三：布莱德的成长过程中，有哪些优秀品质值得敬佩?这些优秀品质，你也拥有吗?

问题分析：乐观幽默，坚忍不拔，积极向上，性格开朗，温和宽容等。可以商量和讨论，想得越多越好。然后把形容布莱德优点的词语转移到自己的身上，转移词语的同时也是转移了优点的正能量。在榜样人物的优点中找到和自己相似的越多，能量就越大。

综合探究

我们的学习是为了借鉴，用来解决我们生活中面临的问题，升学考试越来越近，疫情期间，人被困居在家中，但不会影响心中的目标。

我有目标，但是需要（　　）来监督才能坚持。

我有行动，但是需要（　　）帮忙才好克服干扰。

有些东西我不会，需要向（　　）请教。

用一句能够鼓励自己的话，为这节课做总结。这句话要写下来，要贴在醒目位置，让它真正激励你。

在这里，你和我就是中国

——《冲出亚马逊》

河南省济源第一中学　　李双利

电影信息

导演：宋业明

类型：剧情 / 动作

制片国家 / 地区：中国

上映时间：2002 年

荐影理由

《冲出亚马逊》是根据两名中国军人在委内瑞拉国际反恐怖学校历险训练的真实故事改编的，电影始终贯穿的爱国主义情怀，让人热血沸腾。新冠肺炎疫情暴发后，解放军、医生、护士、志愿者共同奋战在抗疫最前线，不计报酬，不怕生死，那是因为我们始终坚信中华民族是打不垮的！

观影准备

1. 知识准备：你了解亚马孙河吗？

亚马孙河位于南美洲北部，是世界上流量流域最大、支流最多的河流。它浩浩荡荡，千回百转，蜿蜒流经秘鲁、巴西、玻利维亚、厄瓜多尔、哥伦比亚和委内瑞拉等国，滋润着 800 万平方千米的广袤土地，孕育了世界最大的热带雨林。亚马孙河流域是世界上公认的最神秘的“生命王国”。其间栖息着猴子、树懒、蜂鸟、金刚鹦鹉、巨大蝴蝶和无数蝙蝠。亚马孙河水中生活着凯门鳄、淡水龟，以及水栖哺乳类动物如海牛、淡水海豚等。

2. 知识准备：你知道猎人学校吗？

猎人学校是真实存在的，它坐落在委内瑞拉的热带丛林中，是一所世界名闻遐迩的特种兵训练中心，由世界最大的私人保安公司美国黑水公司承办。猎人学校最出名之处在于其“魔鬼训练”。由于“魔鬼选拔”的环境、条件、情况、方式等酷似实战般残酷，淘汰率高达 50% ~ 80%。为此，有的队员带着遗憾回归故里，有的队员中途致残收兵，还有的队员甚至不幸付出了生命。猎人学校的校训是“这里造就的是最具战斗力、最凶猛、最有头脑的战士”。

关于信念

猎人学校是全世界最优秀特种兵的集中营。在这里代表的不仅是个人，而且还代表着自己所在的国家。当要退出去敲雾钟的时候，国旗将被降下来。中国军人王晖和胡小龙到猎人学校的时候，心中一直保持着最初的信念：让中国国旗飘扬在猎人学校。“你和我就是中国”，这是剧中主人公的经典台词。他们已把自己视为国家、民族和军队的代表，已把个人的命运和祖国的荣辱联系在了一起，从而产生了强烈的责任感和使命感。身体的伤痛可以忍，精神的折磨可以受，但不能看到自己国家的国旗被降下。正是因为有了这种使命感，才促使王晖和胡小龙在一次次魔鬼般的训练中没有放弃。

关于纪律

“第一，服从纪律；第二，完全服从纪律；第三，绝对服从纪律。”这是猎人学校的练兵原则。在影片前期一直不断重复着两个字：服从。始终都只有服从，而且是没有任何质疑的服从。猎人学校的教官只要一下命令，任何借口和理由都不可以有，有的只有服从。“你们是钢铁，纪律就是模具，你们要想成为各式各样的有用之才，就要一服从，二必须服从，三绝对服从。”猎人学校之所以能造就“最具战斗力、最凶猛、最有头脑的战士”，对纪律的绝对完全服从是最根本的。服从是一种优良品质，它让人放弃借口，放弃惰性，摆正自己的位置，调整自己的情绪，让目标更明确。在猎人学校，纪律对每一个人都是公平的。校长的女儿丽娜中尉因为心软给约翰逊打电话为他女儿求情，违反校规后，身为将军的校长以身作则，和她一起受罚负重跑四个小时。

关于偏见

中国士兵胡小龙身材矮小，军服根本不适合他，向教官反映了情况后，教官有些轻蔑地说："到目前为止，我们只训练过欧洲跟美洲的学员，希望你能像玉米一样快长，尽快适应这套军服。"中国人长期以来受到歧视，一开始就被各种看不起，甚至遭到嘲笑。教官冤枉王晖和胡小龙去餐厅偷玉米饼，并评价“中国人原来是这样的”，王晖曾冲动地想去敲响雾钟，他感觉自己和国家受到了侮辱。但这样做非但不能维护民族尊严，反而会让人认为中国人经受不住艰苦的训练。对待偏见，唯有通过行动去证明自己。后来由于王晖的优秀表现，被授予“勇士勋章”，教官对他充满敬佩之情，还说："以后一定有合适你们的军服和皮靴！"他们用行动证明，只有成为强者，才能站立高峰，赢得尊重。

电影沙龙

沙龙设计的目的：通过家长与孩子之间、老师与学生之间共同讨论电影，一方面了解学生对爱国主义的认识，另一方面通过电影引导学生学会面对学习和生活中出现的挫折和困难。

讨论问题一：电影中的猎人学校为什么开学典礼很简单，但退出的仪式却很隆重？

问题提示：猎人学校的学员，来自世界的各个国家，任何一个学员的学习成绩和行为表现都是该国军人素质的一个形象说明，学员在猎人学校所经受的考验，也就是他们所代表的国家在经受考验，是国家的荣誉在经受考验。如果因为受不了严格的训练而离开，那就意味着他所代表的国家将退出猎人学校这个国际性组织，就意味着他们的国家缺乏战斗力，并会给他们的国家带来耻辱。

讨论问题二：王晖遭受冤枉去敲雾钟时，胡小龙一拳打醒他，并说了一句话“你想想我们来这儿，是为了证明什么”，这句话隐含了什么意思？

问题提示：他们来到这里，就是要证明中国人不是弱者，其他国家人可以做到的，中国人同样可以做到；甚至他们做不到的，中国人也可以做到。所以当胡小龙因靴子太大而掉队被处罚时，他没有退缩和申辩，而是设法克服；当王晖从直升机上跳入水中，因恐高症而昏迷，醒来后却毫不犹豫地要求再跳一次。面对考验时，他们没有畏惧、毫不妥协，他们迎着困难前进，最终向世界证明中国人不输于外国人。最后，只剩下了四面国旗，其中一面就是五星红旗，在那里高高飘扬。

讨论问题三：当他们误中圈套，受到“恐怖分子”折磨时，有的士兵投降了，而王晖和胡小龙无论如何被折磨都宁死不从。如何理解王晖对胡小龙说的“无论发生什么，你和我就是中国”？

问题提示：在这里，王晖和胡小龙代表着中国的形象。在超乎生理极限的军事训练和极其艰苦的生活条件面前，他们时刻抱定“祖国的利益高于一切”“我代表的是中华人民共和国”的信念，用肉体和钢铁般的意志坚持下来，维护了国旗的尊严。“你和我就是中国”铸造了两位铁血军人的爱国情怀，他们战胜了一切艰难险阻，为祖国赢得了荣誉。

讨论问题四：猎人学校的校长为什么在女儿丽娜生日时把中华人民共和国建国 50 周年国庆大阅兵仪式作为赠送给中国特种兵的礼物?

问题提示：外国教官一开始看不起中国人，处处为难中国学员，认为在这艰苦的训练中，中国人肯定坚持不下去。但是王晖和胡小龙凭着顽强的毅力和坚强的斗志，让外国人知道了什么叫作中国人的尊严，最终使他们改变了看法，并且由衷地敬佩中国人。当看到雄壮气派的三军仪仗队迈着整齐划一的步伐经过天安门广场时，所有人都被那种庄严和神圣所震撼，王晖和胡小龙流下了幸福与自豪的泪水。

综合探究

1. 问题回答

由于时间关系，我们没有讨论完电影中的所有问题，那么看完电影后，你们能否再解答下列问题呢？

(1) 如何看待电影中有一个士兵为了回家照顾女儿，自己开枪打伤自己的胳膊，最后被遣送回国的行为？

(2) 影片中“鳄鱼”总教官对学员要求非常严格，甚至于苛刻不讲人情，你如何评价这个角色？

(3) 你是否关注到影片中猎人学校国旗悬挂的位置及相互关系？

2. 个人感悟

请结合影片，谈谈在抗击新冠肺炎疫情期间你对爱国主义精神的理解。

沧海横流，方显英雄本色

——《烈火英雄》

河北省石家庄市循环化工园区丘头中学　　齐彦霞

电影信息

导演：陈国辉

类型：剧情 / 灾难

制片国家 / 地区：中国

上映时间：2019 年

荐影理由

电影《烈火英雄》根据真实事件改编，再现了消防官兵在新港火灾事故中英勇无畏的英雄事迹。电影展示了消防队员们真实生活的一面，既有父子、情侣、生死之间的冲突，又凸显了在危难面前，他们义不容辞、忠于职守、不畏牺牲、无私奉献的高贵品质。在新冠肺炎疫情中，涌现出了许多可歌可泣的英雄事迹。结合实际情况，我们会发现这部电影具有重要的教育意义。

观影准备

故事背景：该片根据鲍尔吉·原野的长篇报告文学作品《最深的水是泪水》改编，故事以 2010 年大连“7·16 油爆火灾”为原型，讲述了沿海油罐区发生火灾，消防官兵上下团结一致，誓死抵抗，以生命维护了国家和人民财产安全的故事。

真实事件：2010 年 7 月 16 日晚间 18 时左右，大连新港附近中石油一条输油管道起火爆炸。经过 2000 多名消防官兵彻夜奋斗，截至 17 日上午，火势已基本扑灭。事故造成 1 人牺牲、1 人重伤，大连附近海域至少 50 平方千米的海面被原油污染。

灾难事件：2003 年的非典、2008 年的汶川地震、2010 年大连“7·16 油爆火灾”、2020 年新冠肺炎疫情，这些重大灾难中涌现出了很多英雄人物，他们忠于职守、砥砺前行、无私无畏、不怕牺牲的精神，值得我们赞扬和学习。

电影精读

电影故事是围绕一场大火展开的。在灾难面前，各种各样的人的表现，凸显了人性的高贵。影片的主旋律是一曲英雄的赞歌。无论哪个时代的英雄，他们既是国家大厦的坚固根基，也是我们前行的一面旗帜。面对疫情，我们更需要弘扬英雄无私无畏的精神。

事故发生前

火灾发生前，特勤一中队的中队长江立伟因故被撤销了职务，调到郊区的一中队，他因队员孙岩的牺牲患了创伤后应激障碍，不适合当消防兵了，心情很抑郁。儿子面对同学的奚落哭了，江立伟无奈而心疼地看着儿子跑走的身影。

此时的马卫国顶替了江立伟的职务，还是没得到父亲的一丝肯定；徐小斌与王璐正吵吵地拍着婚纱照；郑志还有三个月就退役了，他正啃着鸡腿……

每个人的生活都充满了无数的小烦恼。一个电话，一声命令，他们毫不迟疑，赶到火灾现场。

教育启示

英雄出身于凡人，他们成为英雄意味着平常的生活遭遇了重大的危机。英雄之旅意味着考验一个人从小我走向大我的旅程。

英雄形象

火海之中，他们无怨无悔，忠于职守。面对火魔的无情，江立伟就想以后能一家人在一起；马卫国想一马当先，冲在前面，希望做出成绩给父亲看看；徐小斌负责远程供水，还赌气不接女友王璐的电话；郑志到处搬泡沫还遭到了误解；周浩坦言怕死，被江立伟骗离了危险地带……

与此同时，听到消息的民众惊慌逃离，地铁拥挤，公路瘫痪，轮船不堪其重，勤俭节约的老夫妇捡了江立伟的儿子，江立伟的妻子寻找儿子的途中帮助了孕妇，商铺老板拒绝孕妇入内，总工程师说出真相，总指挥怒不可遏……火灾不断升级，后果难以预料。

危难中，众生乱象。平日隐藏的自我显现出来。

教育启示

沧海横流，方显英雄本色。我们如果置身其中，又该何去何从？哪一个人物的表现是自我的镜像呢？观看影片，审视自己。

细节最动人

画面一：王璐沉浸在徐小斌牺牲的悲伤中，总指挥喊道："还不快去！"王璐惊了一下，跑出来。

画面二：儿子的玩具消防车，寄托着一个孩子对父亲的崇拜。

画面三：马卫国家中茶几上的烟灰缸满了，父亲身穿军装对儿子行了一个庄重的军礼，父子多年的心结解了。

教育启示

在宏大的叙事中，感人心者，莫先乎情。而情感蕴藏于细微的事件中，更能与观者、读者产生共鸣。

电影沙龙

这部电影主要塑造了一群消防队员的光辉形象，他们年龄、身份、家庭、籍贯、性格、爱好等都不一样，但是，命令到来时，他们立刻于自身的困扰中抽身，赶到现场，投身到灭火任务中。他们也有恐惧，也惦记家人，就像罗曼·罗兰所说的“只有一种英雄主义，那就是在认清生活真相后依然热爱生活”，这就是他们的写照。

讨论问题一：何谓“英雄”？

学生角度：英雄指有杰出成就的人物，像曹操、成吉思汗、华盛顿、钟南山等，做了他人不能做、不敢做的事情。

家长角度：强大的、超出一般人的、能在某一领域做出杰出贡献的人，更多的是一种荣誉称号。

老师角度：英雄是一类人，他们具备常人所没有的勇气、能力、意志和精神，“英雄”这一称号往往是人们给予他们的赞美和崇敬。

问题分析：英雄往往是为国为民做出了巨大贡献或牺牲，不同于狭隘的个人英雄主义，所以，英雄是具有大胸怀、大格局，更要有超凡能力、勇敢胆当的人。

讨论问题二：江立伟、马卫国、徐小斌和王璐等，他们是凡人，还是英雄？

学生角度：在灭火前，他们是凡人；灭火使他们成为英雄。

家长角度：首先，他们是凡人，具有凡人的心理与情绪。其次，他们才是英雄。没有谁生下来就是英雄。

老师角度：能够从凡人中挺身而出，才能成为英雄。所以，他们既是凡人，也是英雄。

问题分析：凡人与英雄不是非此即彼的关系，我们的思维方式要善于改变。二者是一体的。英雄有凡人的缺点，就像江立伟得不到儿子的谅解，马卫国对父亲不满，王璐与徐小斌之间的赌气任性等，在我们眼里，有血有肉，更真实、更鲜活。

讨论问题三：英雄的旅程是怎样的？

学生角度：成龙唱的《真心英雄》说明了一切。“把握生命里的每一分钟，全力以赴我们心中的梦，不经历风雨，怎么见彩虹，没有人能随随便便成功。……祝福你的人生从此与众不同。”

家长角度：“自古雄才多磨难，从来纨绔少伟男。”英雄必将经历凡人所没有的艰辛，才能取得成功。

老师角度：欲戴王冠，必承其重。想要踏上英雄之旅必须做好准备。

问题分析：既然是旅程，它就是一个过程，有出发，有旅途遇到的阻碍和帮助，更要有自己的智慧，才能达到目的，结果可能是胜利的，也可能是悲剧的，我们更看重的是一种精神，就像夸父逐日、精卫填海。

讨论问题四：英雄具有什么特质?

学生角度：他们眼里的英雄具象化，想到的是古今中外的英雄人物。如果说特质，首先想到的是异于常人，比如外形、出身、能力等。

家长角度：侠之大者，为国为民。英雄首先有大义，其次具有超常的本领。

老师角度：英雄往往是指在特殊时期、特殊事件、特殊岗位上取得非凡成就的人。既然特殊，英雄的炼成需要多种因素的考量，既要有德行，也要有能力，还要有机遇等。

问题分析：通过对英雄的理解，培养思辨能力，能够多元地、立体地理解一个概念。

讨论问题五：希望自己成为英雄吗?当前自己最重要的是做什么?

学生角度：时势造英雄，英雄的出现需要契机。我们希望做英雄。

家长角度：孩子是否成为英雄并不重要，重要的是孩子能成为一个自我实现的人。当前家人健康平安就是最大的幸福。

老师角度：尊重学生的意愿，能够踏踏实实、尽职尽责地履行自己的职责，虽不能称之为英雄，也是榜样。王璐在火灾中忠于职守，郑志虽然快要退役，在事故中依然竭尽全力，仍然无愧于英雄的称号。当今疫情时期，我们各尽其责，教师做好网上教学，学生尽自己最大的努力做好本职工作——学习。

问题分析：引领学生审视自己，明确自己的价值取向，做好当下的工作。

综合探究

1. 教师引导学生写电影观后感。
2. 给自己心目中的抗疫英雄或者家人写一封信。

动物的人性与人的兽性

——《虎兄虎弟》

河南省济源第一中学　　袁玉莹

电影信息

导演：让·雅克·阿诺

类型：剧情/冒险

制片国家/地区：法国

上映时间：2004 年

荐影理由

人与自然的关系一直以来都是我们关注的重要话题。万物生灵与人类共享地球，我们应该如何和谐共处呢?《虎兄虎弟》是一部用童话来阐述“生态文明”的治愈系电影。在这部片子里，我们将看到人性的贪婪与自然的淳朴的激烈交锋，爱与恨相互交织，动物流露出温暖治愈的人性，人与自然的和解……除此之外，影片还探讨了“殖民文化”“文物保护”“兄弟情深”“逆境成长”等丰富话题，教育价值很高。

观影准备

1. 知识准备

孟加拉虎——濒危灭绝的一级保护动物。亚洲虎的一种，是世界上数量最多、分布最广的虎亚种。目前世界仅存 3000 头左右。

殖民主义——强国用各种侵略手段使落后国家变为他们的殖民地、半殖民地或附属国。19 世纪末至 20 世纪初，资本主义发展到帝国主义阶段，帝国主义展开瓜分世界领土的激烈斗争。本片故事的时间背景为 20 世纪 20 年代，故事地点在法国殖民地中南半岛地区。

中南半岛地区，包含的国家有泰国、缅甸、柬埔寨、老挝、越南，故事的地理背景大致定位在柬埔寨一带。

2. 活动准备

准备环保知识竞赛：写下自己所知道的国家保护动物。

电影精读

老虎与人的生存是否存在竞争?

影片故事是通过人与动物的捕猎与被捕猎展开的，凶猛善战的森林之王与山林居民共享一方山水，老虎在先民居住过的原始丛林里栖息，村民们则居住在丛林之外的平原上。你认为他们的生存是否存在竞争?

他们有着对自然资源的竞争，本质上如果大家各取所需，互不干扰，没有生存上的竞争和冲突。影片中人和老虎发生冲突，是因为利欲熏心的捕猎者觊觎老虎栖息地中的先民文物，为了得到这些古老的神像，他们不惜闯入虎穴，因此有了老虎伤人的事件，有了人猎杀、利用老虎的结局。

虎兄库玛与虎弟桑哈的性格有什么不同?

《虎兄虎弟》最大的成功之处就是对动物主角的性格塑造以及情感展现。本片的驯兽指导是享誉世界的猫科动物专家沃米克·塔帕，据称每只老虎都拥有自己的性格，老虎们的个性差异也很大。请试着总结，幼年时期两只小老虎的性格有什么不同?

弟弟桑哈胆小温顺，面对浣熊的挑衅吓得蹿到树上瑟瑟发抖。哥哥库玛勇猛好斗、喜欢冒险，与浣熊正面对峙，为弟弟“伸张正义”，最终赢得胜利。

库玛的性格随着成长经历发生了怎么样的转变？

面对危险，母亲无奈只能选择带走受伤又胆小的弟弟桑哈，留下了库玛，导致库玛被人类俘虏，之后母亲的两次营救都以失败告终。所以库玛的成长是从被放弃及与亲人诀别开始的。之后小库玛被圈养在马戏团里，最初它是恐惧、绝望的，用绝食默默反抗，直到马戏团里的老虎同伴给了它父亲般的温暖才使它重新振作起来。后又经历了与同伴的诀别以及一系列惨无人道的鞭笞、虐待训练，它开始变得顺从与讨好。库玛在面对火圈无法克服恐惧跳过时，它选择向人类祈求哀怜，但换回的是一顿毒打，最终它彻底屈服了，变得胆小、懦弱、顺从以及得过且过，变成了一只失去狩猎本性只会做表演动作的“人类玩偶”。

离开斗兽场后，库玛为什么又主动回到了马戏团的笼子里？

库玛被长期囚禁和虐待磨掉了勇猛好斗的个性，反之充满奴性，再加上它的成长天地就是这一方小小的笼子，它已经习以为常，对外面的世界没有任何的处理经验，也充满了未知的恐惧。在它的潜意识里，囚笼就是它的归属。所以在和桑哈一起离开斗兽场后，它无意识地又钻进了马戏团的笼子里。桑哈愤怒地斥责了它，经历一番艰难的斗争，库玛最终克服自己的奴性与恐惧，选择和弟弟一起出逃。

如果没有宠物狗的意外事件，桑哈能否作为宠物一直住在小男孩拉奥家里？

这很显然，不能。小时候，桑哈确实可爱俏皮，加上性格温顺、胆小，所以被行政官一家当作宠物来养。儿子拉奥甚至和桑哈同吃同睡，妈妈也会在睡前故事结束时，分别给儿子和桑哈一个晚安吻。但是桑哈是有捕猎天性的森林猛兽，遭受宠物狗百般骚扰后，就咬死了宠物狗。因此，宠物狗事件的发生是必然的而不是偶然的。即使拉奥对桑哈留恋不舍，也阻止不了妈妈对桑哈态度的改变。桑哈会长大，它的力量过于强大，对家人的生命始终会有威胁。

分析猎人艾丹与老虎库玛、小男孩拉奥与老虎桑哈，这两对人虎组合之间的情感交际线索？

艾丹（人）与库玛（虎）：小库玛见证了自己的父亲被艾丹枪杀的过程，最初它在艾丹怀里不断啃咬、挣扎，表达自己对“杀父仇人”的愤怒。之后艾丹和它亲昵玩耍，用一颗蜂蜜糖俘获了库玛的心。双方的情感是明晰的，艾丹对小老虎充满怜爱，小老虎对艾丹有依赖。蜂蜜糖是艾丹和库玛情感交际的线索。艾丹在马戏团偶遇库玛，用蜂蜜糖表达爱意，库玛欣喜接受。之后艾丹第二次在马戏团偶遇成年的库玛，对库玛的境遇饱含同情，此时心生恻隐。然而成年的库玛丧失活力、冷漠颓废，不再接受蜂蜜糖。最后一次相逢是在艾丹举枪瞄准桑哈时，库玛走近，深情地望着艾丹索要一颗蜂蜜糖。艾丹最终放下猎枪。库玛的成长改变了猎人艾丹对猎杀的看法，艾丹在与库玛的双向互动中，感受到了来自动物真切的情感，由此完成个人思想的转变，最终达成与自然的和解。

拉奥（人）与桑哈（虎）：拉奥在森林里玩耍时带走了小桑哈，对小桑哈的爱意满满，此时是占有的爱。宠物狗事件发生后，拉奥并未像家里人一样认为小桑哈是嗜血杀手，依然对它充满喜爱与依赖，这是信任的爱。后来桑哈被送走长大，他们最后一次森林重逢，拉奥鼓起勇气走向成年的桑哈。桑哈并未攻击他，双方亲昵交流。最终拉奥目送桑哈回归山林，这是尊重的爱。拉奥和桑哈分手时，告诉桑哈千万不要再回到人类的村庄，要永远生活在丛林里，其实这是为老虎与人类的和谐共处找到了最合适的方案，那就是互相尊重、共享自然、互不侵犯。而他能割舍下自己对桑哈的爱，放他去过属于自己的丛林生活，这本身就代表着一种与自然和谐相处的文明生态观。

电影沙龙

沙龙设置的目的：让同学们在思维的碰撞中生发独立思考，学会全面看待问题。锻炼学生用历史发展的眼光辨析问题，树立和谐生态观并积极践行。

活动一：在辩论中解读形象

第一组辩论：村主任是正面人物还是反面人物?

第二组辩论：如果你是村主任，对你来说是老虎重要还是文物重要?

辩论提示：从“文物保护”“被殖民地反抗斗争”“野生动物资源保护”等方面引导学生辩论。

一方面，村主任代表了殖民地人民在夹缝中求生存的掠影，他厌恶殖民者，不希望这些来自西方世界的“白人猎人”劫掠他们的文物。但只能阳奉阴违，使小聪明来保护吴哥窟里的神像；从这个形象上来看，他是正义且充满智慧的。另一方面，他又感谢这些武器装备先进的捕猎者替他们杀死了老虎，使住在这里的人免受老虎的袭击，甚至不介意他们贩卖、利用老虎。村主任的主权意识很强，身体力行地保护原始森林里被觊觎的珍贵文物。但他憎恶老虎的态度代表了生产力不发达时期人类落后的生态观。在村主任的意识里文物是资源，野生动物却不是资源。

活动二：在讨论中深化情感

讨论问题一：影片是如何讨论老虎的归属的？又是怎样展现的？对于野生动物的归属你有什么好的建议和看法？

问题提示：野生动物不属于人类，属于自然。它们最好的归属就是回归自然。本片导演在接受采访时曾说：“对于老虎，你可以训练它，但不能驯服它。”顺应野生动物的自然属性是对其最大的尊重，也是最好的保护。对于当下的野生动物研究，我们应该持什么样的态度呢？目前全球的生态格局因为人类持续的开发而产生了日新月异的变化，我们的建议是要开展研究，因为研究是为了更好地保护。因此，科学研究很有必要。

讨论问题二：有电影评论员称这部电影揭示了“动物的人性”与“人的兽性”，你怎么理解？试着分成两个大组，说出自己的看法。

问题提示：从影片中所展现这几只老虎的经历，我们可以总结出人类猎杀野生动物的目的。虎兄虎弟的爸爸因为抵抗人类入侵虎穴，死于猎枪之下。虎兄虎弟的妈妈，在被活捉后用来供国王打猎使用。库玛在马戏团受到虐待，被迫为马戏团主谋利，通过表演取悦观众。桑哈先是作为家养宠物被占有，后被行政官家庭遗弃。之后被圈养在国王私人收藏库作为观赏性猛兽，职责是通过厮杀打斗来取悦人类。马戏团原来的那只老虎恺撒因年纪较大，既没有观赏性也没有再训练表演的价值，被杀死取皮献给国王。总结来看，无非是一部分人类通过猎杀老虎享受征服自然的乐趣，然后利用动物资源谋取利益，满足自己的感官猎奇体验。还有一部分人因为遭受老虎袭击而憎恨、捕杀老虎。不论是出于对老虎的喜欢还是憎恶，用科学的眼光分析，如果大肆捕杀，将老虎赶尽杀绝，山林的食物链将遭受破坏，会有其他各种各样的生态危机。如历史现实一样，人类始终以自我发展为中心，以俯视的姿态与自然万物相处，与侵略者并无两样。而人类的贪婪与残忍在夺取自然、破坏生态的过程中被展现得淋漓尽致。

另一方面，动物的人性体现在动物流露出的淳朴、真挚的情感上。影片选择将不同老虎的性格、情感特征放大拍摄，其实是赋予动物更多灵性，让我们在观影过程中有更多的共情体验。如虎兄虎弟被人类捕猎从而被迫与家人分离的时候，我们意识到这也是一个家庭，它们也有依赖亲情的感受，它们也会因为分离而悲伤。再如虎兄虎弟的重逢，充满戏剧性又带着浪漫主义色彩。

即使久别重逢，亲人之间的默契和温情也会瞬间浮现。动物这种充满人性的感情，值得我们思考。它们和人类一样有着独立的生命、丰富的情感体验，因此它们需要被尊重。

综合探究

1. 拓展回答

讨论时间有限，可是电影里值得我们思考的问题还有很多，再次观影请回答以下问题。

（1）影片中还有哪些呼吁保护动物的细节？

问题提示：白须老人的金鱼，最终戏剧化地回归大海。国王的野生动物收藏库，阴暗无光，里面关着木讷的鳄鱼、爪子被磨掉眼神呆滞的珍贵鸟类，还有咆哮的黑熊。

（2）如何看待老虎母亲在逃生能力有限时，选择舍弃身强力壮的哥哥，带走体弱胆小的弟弟？结合自然规律思考回答这个问题。

问题提示：电影存在戏剧性的安排，真实的自然生存中，动物母亲在抚养能力有限的情况下会抛弃生存能力较弱的后代，选择更为强壮的后代抚养。影片如此安排是让老虎母亲显出人性的悲悯，也使整部影片更具人文精神。

（3）猎人艾丹与行政官之间是什么关系？

问题提示：猎人艾丹是英国商人，行政官是法国安排在自己所属殖民地的本地长官。从两人的“交手”中我们也可以看出当时帝国主义世界对殖民地领属权以及殖民地资源的竞争非常激烈。

2. 共情练笔

假设你就是影片里的一只老虎，请用第一人称给人类写一封表达自己心声的信。

请把我的歌带回你的家

——《寻梦环游记》

山东省东营市胜利河口第一小学　　李武铭

电影信息

导演：李·昂克里奇/
阿德里安·莫利纳

类型：喜剧/动画/音乐/奇幻

制片国家/地区：美国

上映时间：2017年

荐影理由

国内暴发的这场疫情，无情地夺走了很多人的生命，也终止了他们的梦想，这是整个中华民族的伤痛。作为正在上初中的孩子，如何在这场疫情过后面对死亡，如何理解家族亲情，如何继续追逐梦想，是教育工作者需要关注的问题。所以我们选择了《寻梦环游记》，用异彩纷呈的想象，讲述了一个墨西哥小男孩在亡灵节经历的冒险故事，其中发生在祖孙之间的矛盾、冲突以及相互之间的和解，非常有代入感，值得所有观者深思。相信这部电影，将有助于孩子们健康成长。

观影准备

知识准备：在墨西哥，亡灵节是一个重要的节日，庆祝活动时间为 11 月 1 日至 2 日。传统的纪念方式为搭建私人祭坛，摆放糖骷髅、万寿菊和逝者生前喜爱的食物，并携带这些物品前往墓地祭奠逝者。

电影精读

在墨西哥的小村庄圣塞西莉亚，有一个鞋匠家族——里维拉，因为祖先埃克托的离家出走，里维拉的后代都被严禁接触音乐。偏偏家族后代中出现了一个极具音乐天赋的男孩——米格，他无意中发现自己和歌神德拉库斯有着千丝万缕的联系。随即米格踏上了一条追逐梦想的冒险旅程……

感受亲情

《寻梦环游记》弥漫着浓浓的亲情，给我们很好地诠释了什么是一家人。

亡灵节是墨西哥的传统节日，每年都会举行盛大集会狂欢，并通过各种形式，祭奠逝去的先人。米格的奶奶全天张罗着家人过亡灵节，早早设好了灵坛，摆好了家人的照片，等候亡灵的归来。但偏偏就是这一天，奶奶因为米格要去参加才艺表演，一怒之下砸毁了米格自制的吉他，令米格伤心欲绝。绝望的米格离家出走了，并带走了曾曾祖母伊美尔达的全家合影，因为那张照片能证明，歌神德拉库斯是他的曾曾祖父。全家人都出去找米格，因为他们坚信，一家人，就应该待在一起，特别是在亡灵节这么重要的日子里。

电影中反复强化家族亲情观念，特别是米格的曾曾祖父就是因为离家出走，没有承担家庭责任，让曾曾祖母独自养育孩子，操持一家制鞋作坊。饱尝独自养家辛劳的曾曾祖母伊美尔达，从此立下了家族后人不准接触音乐的家训，并且代代相传，形成了家族共识。其目的是希望所有的家族后人，都能有家庭观念，不能再出现不负责任离家出走的现象。而米格有可能会为了梦想而离家出走，所以全家人很担心，想把他尽快找回来，全家人待在一起。

人类是社会动物，家庭是社会的基本单元。在当今快节奏的社会，家庭还是一个人情感的最终归宿。用家庭所能提供的温暖，抵抗社会现实带给我们的种种压力，更是很多人追求和谐家庭生活的目的所在。但是当家庭和梦想发生冲突的时候，如何选择，绝对是一个难题。不单米格面临这样的难题，实际上所有人都会面临这样的难题。

教育启示

没有哪个人愿意出生于一个破碎的家庭，也没有哪个人愿意失去梦想。当孩子已经成年，足以对抗社会现实的种种压力的时候，我们要敢于放手，目送他们的离开，并随时欢迎他们的回归。没有团聚的家庭是不完整的，没有梦想的人生也是不完整的。家庭与梦想不是天然的对立，不同的人生阶段，选择不同的人生主题，可能是调节二者关系的最佳态度。

在亡灵世界，米格遇到了自己的曾曾祖母——伊美尔达，谁能想到年轻时的伊美尔达是多么热爱歌唱，一副女中音嗓子，优美动人。但因为爱人追逐音乐梦想，一去不复返，便痛恨音乐，禁止家人接触音乐。伊美尔达反复寻找米格，利用各种方式想说服米格，放弃音乐，回到家人的身边。米格不愿意放弃自己的音乐梦想，拒绝了一家人的好意，用祝福解除诅咒，决定冒险去让歌神德拉库斯来解除自己的诅咒，回到人间。米格曾经对伊美尔达说，一家人，难道不应该互相支持吗？

一家人，必须互相支持。正是因为伊美尔达曾经也为音乐痴迷过，她知道从事这项职业的艰难，为了养育女儿，她选择成为一名鞋匠，并成功地开拓了家族产业，让子孙后代都能有一技之长。伊美尔达不希望米格追寻音乐梦想失败后，连鞋匠的手艺也丢掉了，所以劝他尽快回到家人的身边，过一种可以预期的稳定生活。而米格从小就折服于德拉库斯的艺术魅力，一盘混剪歌神语录，在无数个夜深人静的夜晚激励着他自修音乐。歌神的话语，激励着米格向着音乐的梦想，不断前行。虽然曾曾祖母的一句祝福，米格就能立即回到人间，但条件是要放弃音乐的梦想。所以米格决定冒险去找歌神德拉库斯给他祝福，因为歌神一定会鼓励米格热爱音乐，但时间限制是天亮以前。伊美尔达认为自己是对的，所有的家族子孙都应该服从她——家族产业的奠基人。米格认为自己是对的，每个人都应该听从自己内心的声音。天亮之前，伊美尔达和米格能达成共识吗？

教育启示

如果你有自己的想法，该如何获得家人最大的支持？如果家人不支持你的主张，你应该如何去沟通、去说服他们？不要简单地认为自己一定是对的，也不要单方面认为家人都是错的，不同事物，在不同阅历和年龄的人心中，理解肯定是不同的。作为一家人，我们既要支持正确的主张，也要规避大概率的风险，这些共识一定是在与家人互相沟通、互相理解的基础上达成的。如果因为一件事，一家人僵持不下，要学会妥协，学会换位思考，互相让一步，用时间和努力来证明到底哪一方是正确的。这也是处理青春叛逆期的一种态度。

为了参加德拉库斯音乐广场的才艺大赛，夺取直通万丈光芒演唱会的门票，米格必须拥有一把吉他。埃克托只好带着米格去找他的朋友——猪皮哥。猪皮哥临死之前，埃克托送给他一首最喜欢的歌曲《Juanita》，同时也给米格上了生动的一课：真正的死亡是被人彻底遗忘。我们的故事，只能由生前认识的人来讲述。

谁能想到，埃克托就是米格真正的曾曾祖父，唯一怀念埃克托的活着的人，就是米格的曾祖母 CoCo。当伊美尔达将没有任何条件的祝福送给米格的时候，他立即返回人间。拿着属于埃克托的吉他，米格在曾祖母 CoCo 面前唱起了《Remember Me》，希望她能想起自己的父亲。奇迹发生了，平时糊里糊涂不能自理的 CoCo，居然和着节拍，一同唱起了《Remember Me》，就像当初父亲唱给她的那样。随后，CoCo 拿出了一个笔记本，里面放着当时父亲写给她的信，还有专门为她创作的歌曲，还表达了他是多么思念家乡。最神奇的，年年供奉在灵坛那张残缺的全家福的一角，居然被 CoCo 珍藏了起来。正是凭借 CoCo 对父亲的怀念，埃克托才能在亡灵世界撑了四代人的岁月，正是 CoCo 珍藏的父亲照片，才能让埃克托每年的亡灵节回家与家人团聚。

可以想象幼年的 CoCo 是多么伤心，疼爱自己的父亲一去不返，养育自己的妈妈从此不许她谈论父亲，不许她接触音乐。CoCo 只能在心底无数次吟唱那首属于自己的歌——《Remember Me》，一遍又一遍。每唱一遍，就加深一遍对父亲的怀念。随着时间的推移，CoCo 结婚生子，伊美尔达一定会向自己的女婿胡里奥和三个孙女反复宣讲，当初离家出走的人是多么不负责任，家族成员无论如何也不能接触音乐。可以想象，每年的亡灵节，CoCo 一定会拿出父亲的照片看了又看，拿出父亲的信读了又读，将那首《Remember Me》唱了又唱，用这些方式怀念自己的父亲。

教育启示

你能为家人做些什么，寄托你的思念？该用什么样的形式，才能让家人感受到你对他的怀念？如果你不在家人身边，你一定要保持与家人的联系，一个电话，一封书信，就能让家人不再为你担心。

如果家人不理解你，你应该用什么方式来沟通？有时候，语言会产生情绪化的结果，把自己的想法和情绪用文字记录下来，与家人保持一张纸的距离，用文字心平气和地沟通，可能会产生意想不到的效果。

亲情到底是什么？其实电影至少给了我们三个线索。《Remember Me》在电影中演唱了三遍，实际上代表了三种亲情。德拉库斯演唱的是情歌版的《Remember Me》，描述的是爱恋中的男女，即将分别时刻，男子送给女子的绵绵爱意。埃克托演唱的是童谣版的《Remember Me》，表达的是一个追逐梦想的父亲，即将离开家园，对自己心爱的女儿那种割舍不下的深情，唱出了一个父亲对女儿的浓浓爱意。米格演唱的是颂歌版的《Remember Me》，表达的是亡灵节时，对已逝先人的深深怀念，希望先人不要忘记自己，更表明自己不会忘记先人，每年的亡灵节都会撒满万寿菊，希望他们回家团聚。亲情不仅是夫妻之情、养育之情、怀念之情，还有更多温暖的记忆在里面，正是凭借着亲情的呵护，我们才有勇气直面死亡。所以，如果你怀念亲人，就请你弹起吉他，唱起《Remember Me》，想象着拥亲人入怀，将无限思念，尽付琴弦。

追逐梦想

每一个追逐梦想的人都是英雄。《寻梦环游记》中的米格，为了音乐的梦想，大胆踏上了穿越亡灵世界的旅程。

米格从一出生，就感受到了音乐的召唤，德拉库斯演唱的每一首歌，都像是为米格而唱的。在无人知晓的阁楼里，米格默默地练习，期待着实现音乐梦想的那一天。直到米格无意中拿走了德拉库斯的吉他，触犯了亡灵节的规定，受到了家族的诅咒，变成了亡灵。在家族亡灵的帮助下，米格才知道除非能够得到家族亡灵的祝福，否则无法解除诅咒，他的生命就会结束，变成一个新的亡灵。米格就这样被迫上路了。

米格在埃克托的帮助下，从猪皮哥那里借到了吉他，并在众人面前进行了第一次演出，开始一段追逐音乐梦想的旅程。他唱了一首《有点儿疯狂》，非常符合他当时的心境。第一次有观众听他演唱，第一次收到了掌声，也是又一次坚定了米格追逐音乐梦想的信心。随后伊美尔达找到了米格，他坚定地对曾曾祖母说，没有音乐我就活得不开心。

混进了德拉库斯的高级宾馆，米格鼓起勇气，唱了一首《The World Es Mi Familia》：此刻终于来到这里，见到你们无比欢喜，音乐就是我的语言。单纯的米格以为真的找到了自己的家人，和他共处一室，险些认贼作曾曾祖父，多亏了埃克托突然出现，才让真相得以浮现。但是德拉库斯为了掩盖自己生前杀人的真相，把米格和埃克托扔进了废水井。关键时刻无毛犬丹丹带着伊美尔达和她的爱波瑞吉出现了，知道了真相，一家人在亡灵世界和解了。在米格的带领下，里维拉一家人在德拉库斯的万丈光芒演唱会上，成功让亡灵了解了真相。米格为了家人，决定放弃音乐，立刻回到人间去拯救埃克托的亡灵。伊美尔达也放弃了成见，不带任何条件地送米格回家。埃克托认为自己就要永远地消失了，临终前说出了自己的夙愿，让女儿 CoCo 知道，父亲一直都在想念她，无论分隔多远。在曾曾祖父母的共同祝福下，米格又回到了人间。

米格回到人间，已经是亡灵节的第二天早晨。他拿着埃克托的吉他，跑回家，在曾祖母 CoCo 的房间里弹起了吉他，唱起了《Remember Me》，也唤醒了曾祖母深藏心底的记忆。故事终于有了一个大团圆的结局。

埃克托得救了，每年的亡灵节，他可以跨过亡灵之桥，和里维拉家族的亡灵回家团聚。米格成功了，他可以自由地追逐音乐的梦想。第二年的亡灵节，他可以高唱《Proud Corazon》，让家人欢乐起来。CoCo 也终于结束了自己的人生，到亡灵世界和自己的父母团聚了，自己的相片也被女儿摆上了家族的灵坛。里维拉家族迎来了盛大的庆典。

教育启示

英雄总是受到召唤，被迫上路，经过历险，回归起点，迎接庆典。回味米格的寻梦之路，所有的经历都是现实的隐喻，没有人会随随便便成功。现实生活中的任何磨难，都可以看作是命运对你的召唤和磨炼，就看你是否愿意上路，开始这条历险之路了。

其实，埃克托也是一个寻梦人，他要追寻一个回家的梦想。德拉库斯也是一个寻梦人，他要追寻一个旭日东升、万丈光芒的明星梦想。猪皮哥、无毛犬丹丹，他们都有梦想，都在竭尽全力地用一生去追寻。从他们的身上，我们都可以汲取梦想的力量。

消解死亡

在很多人的心目中，死亡是可怕的，没有人甘心早早结束自己的生命。米格被德拉库斯扔进废水井，明白天亮前不能回到人间，他将变成亡灵，他害怕地哭了起来。埃克托得知自己是被德拉库斯毒死的，伤心不已，因为德拉库斯夺走了自己的一切。猪皮哥得知自己不久将永远地消失，无奈地让埃克托弹起了最后一首歌。哪怕是一个亡灵，也会对死亡黯然神伤，都会无限留恋现有的一切。作为活着的人，当你明白必有一死的哲学意义，就会无限珍惜生存，努力让每一天都有意义。

但死亡也不一定那么可怕。CoCo 又听到了爸爸专门写给她的《Remember Me》，满足地离开了人世。因为她终于可以和日夜期盼的父母团聚了。如果你像米格那样，真的为了梦想拼尽全力，即使死了，也是无憾的。《寻梦环游记》成功地消解死亡，把亡灵世界打造成一个圆梦之地。凡是不懈追逐梦想的，即使死去，也可以在亡灵世界实现梦想。米格成功地完成了自己的第一次演出，获得了观众的掌声。埃克托成功地获得了家人的谅解，回归家族灵坛。德拉库斯继续了自己突然中断的演艺事业，延续了歌神的荣光。而且每个亡灵都会有一个爱波瑞吉，助你的梦想之旅一臂之力。

教育启示

墨西哥著名作家、诺贝尔文学奖获得者奥克塔维奥·帕斯说："死亡其实是生命的回照。如果死得毫无意义，那么，其生必定也是如此。""死亡才显示出生命的最高意义，是生的反面，也是生的补充。"这不但成为带有墨西哥民族特征的文化现象，也表现了墨西哥人的价值与哲学观念。

正确地理解死亡，你才会更加明白生存的意义。相信看过《寻梦环游记》的孩子们，可以从中汲取力量，正确地面对自己的家人、朋友和身边人的离去，我们应该怀念他们，并延续他们的梦想，继续前行。

电影沙龙

讨论问题一：中国也有类似墨西哥亡灵节的中元节，而且历史悠久，活动更加丰富，你认为这是传统文化还是封建迷信？是否应该参与相关活动？

学生角度：万圣节、亡灵节是外国的宗教节日和民族节日，中元节、清明节是中国的宗教节日和民族节日，应该传承。

家长角度：只要能让孩子参与活动并领会家人的关怀，更加具有家族凝聚力，我觉得可以让孩子感受一下，毕竟是传统文化的一部分，需要下一代人的传承。

老师角度：从教育的角度看，中国的死亡教育是缺失或者不足的，应该引起家长和社会的重视，不能等孩子遭遇重大变故的时候，再告诉他死亡的意义，那样的教育是不完整的。但是死亡教育的范畴很多，除了中元节、清明节，革命烈士陵园、名人纪念馆、战争纪念馆也是开展死亡教育的理想场所。要让孩子们从死亡中领会生存的意义。从文化的角度看，中元节、清明节时很多流传多年的民间习俗是有存在的意义的，通过相关仪式，确实能够寄托活着的人的哀思，会给逝者的家属很多心理上的安慰。但是我们要响应国家的号召，白事从简，文明祭奠，这也是我们赋予中元节、清明节的时代意义。

讨论问题二：追逐梦想的过程中，你认为像德拉库斯那样不择手段，甚至不惜牺牲朋友利益的做法，是否正确？为什么？

学生角度：这样就是损人利己的做法。

家长角度：现在社会的竞争压力那么大，孩子将来在求学和就业的过程中，可能会遇到像德拉库斯那样的境遇。是保全朋友的利益，还是放弃友情抓住自己的发展机遇，真的是一个两难选择。

老师角度：确实是一个两难的选择，这些应让孩子们自己去选择，听从孩子内心的愿望，鼓励良性竞争。但是孩子的选择一定要在道德或法律的框架内来考虑。我们每个人都是社会的一员，孩子将来成年后，要做出的决定首先要依法施为，其次要遵守社会的公序良俗。如果违反了这两点，表面上你获得了短期的利益，但是你侵犯了社会的利益，长期看你还是受损者。特别是当下，信息化、透明度越来越高，做任何事一定要考虑自己的长期信用。

讨论问题三：疫情时期，我们如何面对死亡？通过死亡，我们如何理解生存？

学生角度：疫情期间的死亡，是突发疾病，是偶然事件。我们应该依托国家防疫和医疗部门，回归正常生活。

家长角度：希望孩子在这场疫情中能吸取教训，关注公共卫生，注意身体健康，快一点长大。

老师角度：首先，从疫情的角度看，全国感染新冠肺炎的死亡数字，背后都是活生生的生命。无论他们生前的身份如何，我们一定要怀念他们，这是国家和民族共同的悲痛。其次，从教育的角度看，新冠肺炎的传染率、死亡率那么高，为什么还有全国各地的医务工作者，逆行向湖北开进呢？死亡是令人畏惧的，但这些逆行者，更值得我们尊敬。疫情期间的一死一生，都可以让我们明白生死的意义，更加清晰地领会生命价值的取向。希望孩子们能选择一个成长的目标，用向死而生的勇气，带着那些逝者的梦想上路，承担起自己的责任，继续前行。

综合探究

1. 设计一个编剧任务，如果电影按照埃克托的角度来叙述，应该增加哪些场景和环节？让孩子们体验埃克托对女儿的怀念。如果按照埃克托的叙事角度，影片的名字可以改成什么？

2. 采访一下家族老人，搜集本地中元节、清明节的相关习俗，谈谈你对这些习俗的看法。写一篇心得，不少于 500 字。

用热爱点燃梦想

——《跳出我天地》

河南省济源市济水一中　　赵继霞

电影信息

导演：史蒂芬 · 戴德利

类型：剧情 / 歌舞 / 家庭 / 儿童

制片国家 / 地区：英国 / 法国

上映时间：2000 年

荐影理由

今天给大家推荐的电影是《跳出我天地》。电影温暖感人而又充满正能量，讲述了一个叫比利的孩子在困境中坚定自己的信念，寻找生命中的那份热爱和执着，并克服一切困难，为了自己的梦想而努力拼搏的故事。

观影准备

1. 知识准备

请介绍你了解的芭蕾艺术，或推荐一部最喜欢的芭蕾舞剧。

2. 活动准备

准备家庭亲子小游戏：真心话大冒险。

目的：通过活动加强亲子之间的交流与沟通。

电影精读

主人公是谁？

你认为这部电影的主人公是谁？

不同的孩子有不同的回答。有的孩子说电影的主人公是比利，因为电影主要呈现小男孩比利的成长过程。有的孩子认为主人公是迈克，因为迈克在电影中也是成长变化着的。那么谁才是真正的主人公呢？

电影中的小男孩比利成长在怎样的家庭里呢？

电影一开始他独自一人做早餐，没有父母的呵护，甚至还得照顾生病的祖母，是个比较孤单又很独立的孩子。比利的爸爸和哥哥都是最底层的矿工，他们正经历着英国历史上空前的大罢工，一大家子的人没有了生活来源，可见生活是比较拮据的。但是他的父亲仍然会给比利挤出 50 便士的学费供他学习拳击，可见父亲是希望比利能够强身健体，变得更加强壮，未来有能力保护自己。比利的妈妈在他很小的时候就去世了，他成长在一个缺乏安全感和缺乏母爱的家庭里。

教育启示

没有一个父母不爱自己的孩子。但是爱的方式是否为孩子所接受是我们作为父母要深思的一个问题。同时，从比利的身上我们看到了陪伴就是最好的家庭教育，理解孩子所热爱的事物并能够倾听他们的心声，让孩子有更多的安全感，那么孩子的性格和能力会得到更好的发展。

比利在学跳芭蕾舞的过程中遇到了哪些困难？

学习芭蕾需要高昂的学费，需要家人的支持，更需要好老师的教导，关键是从乡下到伦敦皇家芭蕾舞剧院的路是比利想都不敢想的，但是他不会被这些困难打倒，因为他对舞蹈与生俱来的热爱，让他坚定信念，朝着梦想努力奋斗！

父亲为什么反对比利跳芭蕾？

我们从影片开头知道比利家境贫寒，父亲和哥哥都因为矿工罢工而失业在家，家里根本没有多余的钱支持他学习任何一项艺术特长，而且拳击是父亲认为唯一可以锻炼比利男儿气概和培养家庭责任感的特长，他认为跳芭蕾是女孩子们的事，男孩子坚决不能跳。家庭更需要比利担当起未来生活的责任。

比利和威尔金森夫人是什么关系？

威尔金森夫人是一个在拳击馆教芭蕾的舞蹈老师，她发现比利对芭蕾舞有着莫名的喜爱，并且愿意尽全力去帮助他圆梦，他们之间是师生关系，但更像是一对母子。因为她在比利的身上似乎找到了自己年轻时的影子，帮助比利圆梦，其实也是在帮自己圆梦。

教育启示

每个人在通往成功的路上都会遇到种种挫折，人生在世不如意事十有八九，要正视这些困难，积极地面对，培养孩子抗挫折的能力。同时在亲子关系中要学会沟通，互相理解包容对方，站在对方的角度去想问题，方法总比困难多，只要努力面对，一切困难都会迎刃而解。

比利是如何解决这些困难的?

没有比脚更长的路，没有比人更高的山。比利一开始瞒着父亲悄悄练习芭蕾舞，除了课上老师教的，课下他还借来书籍在狭小的卫生间反复练习，夜以继日，疯狂舞蹈，终于他用专业而娴熟的舞姿赢得了父亲的支持。只要一有时间他都会随时随地手舞足蹈，简直到了着魔的状态。他虚心向老师求教，克服重重困难，让自己的梦想在热爱中开花!

教育启示

热爱是人生前进的动力，我们要少一些抱怨，用积极的心态唤醒内心对事物的热爱之情。尤其是在初三的关键期，我们要教育学生拿出自己内心对学习的热爱，为中考目标而全力以赴!

电影沙龙

沙龙设计的目的：通过亲子之间、师生之间共同讨论电影，一方面了解孩子的想法，知道他们内心深处的热爱与梦想。另一方面通过电影引导孩子学会与家长的有效沟通，面对困难要想办法解决问题，学会独立面对。同时找准自己的人生目标，并设计可行的计划为目标的实现而全力以赴!

讨论问题一：电影中的小男孩比利多大？这个阶段的孩子有什么特点？

问题提示：比利 11 岁，11 岁是孩子成长的关键期。这个年龄段的孩子正处于青春期，自我意识逐步增强，有自己的思想，情绪较为激动，有时甚至还有点叛逆。父母在孩子的成长中担任重要的角色，引导他们了解外面的世界，了解并遵循外面的规则，在外面遇到问题要像父亲一样学会独立面对和解决。

教育启示

父母：要了解青春期孩子的心理发展规律和内心需求，多倾听孩子的想法，意见出现分歧时一定要让自己冷静下来。学会与孩子正面沟通，不要摆家长的架子，多用共情让孩子更加信任，愿意分享。

教师：对每一个学生都要给予关爱与信任，因为遇见一个好老师是人生的一件幸事。有时候老师的一句鼓励与肯定可能会改变其一生。

孩子：青春期的孩子容易冲动，思想不够成熟，要多听听家人的建议，学会面对困难与挫折。

讨论问题二：比利的父亲从一开始的反对到最后的支持，他的内心经历了怎样的变化？

问题提示：当父母与孩子意见有分歧时，父母不要聚焦在孩子的问题上，这样会无限放大孩子内心的不安与恐惧，要真正地了解孩子内心的想法，站在孩子的角度去思考问题，不要一味沉浸在自己的情绪中。

比利的父亲一开始认为男孩子就要身强体壮有阳刚之气，能够面对未来生活的考验，芭蕾不是什么正经职业，也不会养家糊口填饱肚子，而且对于一个男孩子来说是很丢人的事，他希望比利未来能像他的哥哥一样继续做一名矿工。但当他看到自己的儿子因为学跳芭蕾舞之后身上所散发出来的魅力和光芒时，他又不禁叩问自己：或许小儿子真的是块跳舞的料。他不想剥夺比利追求美好未来的权利，所以再苦再难他都忍了，背负同伴的骂名提前开工只为早点挣够儿子上舞蹈学校的费用。他的身上散发着深沉的父爱！

讨论问题三：在圣诞之夜，比利一家人围坐在壁炉旁庆祝圣诞节时，父亲为什么会哭泣呢?

问题提示：圣诞节在西方国家是一个很隆重的节日，意味着一家人的团圆与狂欢，人们会围坐壁炉旁举办圣诞宴会，长辈会给晚辈送圣诞礼物。可比利一家人愁眉苦脸，父亲竟然哭了起来，这是为什么呢？

圣诞节的夜晚，比利一家人聚在一起，本应该高高兴兴过节，但是他们谁也高兴不起来，因为去伦敦皇家芭蕾舞学院考试的机会真的很难得，比利不想错过这次机会，但是考试往返的路费对这个家庭来说是一笔不菲的数字，虽然威尔金森夫人承诺会赞助这笔费用，但是倔强又自尊的爸爸回绝了，因为他说他是孩子的父亲。可是家里的钱真的不够，比利的父亲为自己不能给孩子提供好的生活、教育条件而深深地自责。

讨论问题四：在皇家芭蕾舞剧院看比利演出时，父亲又一次热泪盈眶，此时的哭与圣诞之夜的哭一样吗？为什么？

问题提示：男儿有泪不轻弹。比利的父亲在影片中多次落泪，每次落泪的心理有什么不同？

父亲第一次落泪是因为自己没能给儿子创造好的生活条件，没能给儿子凑够去伦敦考试的路费而深深自责，那是自责的泪。影片即将结束时，父亲和哥哥等一行人来观看比利的演出，绚烂的舞台上，璀璨的灯光下，年迈的父亲看到儿子终于站上了梦想的舞台，成为万众瞩目的焦点，他为儿子不断奋斗实现梦想而感到骄傲和自豪，这时的泪是喜极而泣的泪，是欣慰的泪！

教育启示

每一个人都有追求梦想的权利，家长的支持是孩子向上的不竭动力！每一个人成功的背后都有一段不为人知的写满奋斗的血泪史，只要心存热爱，就要勇敢去挑战，让梦想因为热爱而精彩绽放！青春的孩子们，愿你们历尽千帆，归来仍是少年！

综合探究

1. 问题回答

由于时间关系，我们没有讨论完电影中的所有问题，那么看完电影后，你们能否解答下列问题？

（1）比利对芭蕾舞的热爱具体表现在哪里？

（2）舞蹈老师威尔金森夫人为什么要不惜一切代价帮助比利圆梦？

（3）你有自己的梦想吗？

（4）你是如何与父母沟通你的梦想的？

（5）为了实现梦想你将会如何去做？

2. 问题征集

如果你有奇妙的答案和想法，请在下方留言并讲出你的答案，我们比一比谁是最厉害的那个人。

后　记

2020年，必定是载入史册的一年，我们的国家、民族、每一个人都经历了一场严峻的大考。当新冠肺炎确诊的数字在不断攀升时，可以想象疫情重灾区的湖北、封城之下的武汉面临着怎样的一场生死较量。全国上下所有人都在为这场疫情战斗，甚至是以牺牲生命为代价。

经历这次突发事件的孩子也在快速成长，他们在网络上进行各门课程的学习，但内心深处会有茫然、焦虑、害怕等情绪，正常的学习与生活受到挑战。在这个超长假期里，每个孩子首先都要学会对自己负责，他们要面对的不仅是学习方式的变革，更重要的是学习习惯的养成、良好心态的调整以及情绪的管理和控制。这时，会学习、自控能力强的孩子就会显示出强大优势，而那些依靠家长督促、老师看管的孩子无疑会被“大浪淘沙”。

我认为，把灾难当教材，与祖国共成长，是这次疫情教育的重大主题。

那么，我们能为战胜这场疫情做些什么呢？2月29日晚上9点，我在微信上接到湖北省第二师范学院刘永存院长的邀请，询问能否为湖北省班主任培训设计中小学电影课程。湖北省疫情虽然不容乐观，但是湖北省的广大师生比想象中的更加努力和坚强，停课不停学，“武汉加油”“武汉必胜”成为他们强大的精神动力。

我接到这个任务既激动又紧张，激动的是可以为湖北省抗疫做出一点贡献，紧张的是如何在极短时间内把电影课程设计好，从而为在疫情中奋战的老师们和孩子们提供高质量的电影课。疫情就是命令，两天后，我初步设计出了从小学一年级到高中三年级三学段九阶梯的电影课程体系提纲。这一体系围绕疫情期间培养中小学生的重要品质设计了六大主题——自我认同、家国情怀、社会责任、生态文明、家庭关系、家校共育。围绕六大主题为不同学段的孩子精选最适合他们观看的电影，我们希望通过这个电影课程培养孩子们在特殊时期强烈的国家认同感，承担相应的社会责任，处理好各种关系，深化生态文明观念。

这个体系设计容量大，需要设计课例、制作课件、录课并剪辑制作，要做出高品质的电影课程需要更多的人共同完成。这一活动受到河南省济源市第一中学领导班子的高度重视，支持湖北，义不容辞。本课程的研发也得到众多全国一线教师和校长的支持。尤其在“晓琳电影课程工作室”“济源一中８十１工作室”“王磊名班主任工作室”的共同推动下，大家不分昼夜，反复磋商，两周时间研发出适合疫情期间教育的“生命中的电影课”小学、初中、高中三学段课程。

本课程体系受到湖北省教育厅的高度认同，经层层严格审核作为对湖北省班主任培训正式课程“一周一电影”向全省中小学班主任推送。很快，本课程也被选为教育部疫情期间全国班主任、教师培训的线上课程，并向全国师生推送。

驰援湖北、支援全国，这一活动也受到大象出版社的鼎力支持。经过严格审核与指导，大象出版社为课程支援湖北提供了绿色通道，以最快的速度、最专业的团队、最高的效率支持本套丛书及时出版，争取尽快送到湖北师生、全国师生手中。

疫情既是现实的灾难，更是对孩子极好的教育契机和素材，我们希望通过“生命中的电影课”，为全国师生和家长提供适宜的课程资源，在电影故事中增强孩子的生命意识，提升他们的国家民族观、生态价值观，培养出强烈的社会责任感，成为有担当、有理想、有信念的时代新人。

暗夜莅临，但你就是星光！

曙光破晓，必有你的一份微芒！

王晓琳